꼼꼼히 성경 읽기 :
하루에 한 절 성경 보기

하루 한 절, 보화를 발견하다

성경 한 절 안에서 하나님, 예수님, 성령님을 찾아봅니다.

진석호 지음

쿰란출판사

하루 한 절,
보화를 발견하다

추천사

평소에 존경하는 진 목사님께서 《하루 한 절, 보화를 발견하다》라는 책을 출간하게 된 것을 진심으로 축하드립니다. 급변하는 21세기에 성경 연구는 모든 만물과 무엇보다도 인간의 모든 삶, 성공과 실패를 포함한 희로애락을 총괄합니다. 특별히 성경 말씀은 모든 인간들에게 생명의 에너지와 생수를 공급하는 것 같습니다. 성경은 이 세상을 살아가는 인간들에게 왜 이 땅에 존재하며 살아야 하는지 그 이유를 분명하게 보여줍니다.

하나님을 믿고 하나님의 은혜로 살아가는 성도들에게 새삼스럽게 이런 말을 하기가 죄송스럽지만 그래도 우리 함께 점검하는 차원에서 말씀을 드립니다. 우리가 평생 믿어온 하나님이 과연 누구이십니까? 예수님이 누구이십니까? 성령님이 누구이십니까? 이에 대해 점검하고 확인해 보아야 합니다.

이 책을 통해서 성경을 더 밝게 더 분명하게 더 확실하게 더 자세하게 보는 방법을 배우시고 하루에 한 절의 말씀을 통해서 보화를 발견하는 삶을 살아가시기를 바랍니다. 다양한 방법으로 성경을 읽고 쓰고 배우고 살아가는 성도들에게 도움이 되시기를 바랍니다.

"이는 각하가 알고 있는 바를 더 확실하게 하려 함이로라"(눅 1:4). 몰라서가 아니라 알고 있는 바를 더 확실하게 하기 위해서입니다. 일찍이 예수님께서 마태복음에서 "예수께서 대답하여 이르시되 기록되었으되 사람이 떡으로만 살 것이 아니요 하나님의 입으로부터 나오는 모든 말씀으로 살 것이라 하였느니라"(마 4:4) 하셨습니다.

성경은 사람이 살아가는 데 필요한 두 종류의 양식이 있다고 말씀합니다. 하나의 양식은 육신의 양식이요, 또 하나의 양식은 영의 양식입니다. 모든 성도들이 육의 양식 즉 육의 관리는 잘하면서 살아가고 있습니다. 그런데 영의 양식, 영의 관리는 소홀하며 살아가는 성도들이 많습니다. 하루 한 절의 말씀으로 영의 양식을 삼고 살아갑시다.

"기도는 영혼의 호흡이다"라는 말을 잘 아실 것입니다. 숨 쉬면서 양식도 먹으면서 살아가는 성도 그래서 "사랑하는 자여 내 영혼이 잘됨같이 범사에 잘되고 강건하기를 내가 간구하노라"(요삼 1:2) 하십니다. 이 책을 통해서 주님과 더 깊은 영적 교통하심 속에 살아가는 모든 성도들이 되시기를 축원합니다.

2023년 6월 15일

박헌성 목사(국제개혁대학교 신학대학원 총장)

서문

꼼꼼히 QT 방법과
꼼꼼히 성경 읽는 방법을 소개합니다

성경은 봐도 봐도 이해가 잘 되지 않는 경우가 많아서 보다가 중단하게 됩니다.
성경을 많이 보려는 욕심이 생길 때가 있습니다.
성경을 많이 보려는 욕심은 좋으나 욕심대로 많이 보지 못하면 속상하기도 합니다.

꼼꼼히 QT 방법과 꼼꼼히 성경 읽는 방법은

'하루에 한 절 성경 보기'입니다.
'하루에 한 절 성경을 보면 언제 성경을 다 읽을 수 있을까? 이렇게 성경 읽다가 내 평생에 성경 전체를 한 번도 못 읽겠다'라는 생각이 듭니다.

성경 전체를 다 읽으려는 이유와 목적이 무엇인가요?
사람들에게 자기 자랑을 하기 위해서입니다.
요즘에는 많은 사람들이 성경을 씁니다. 참으로 좋은 현상입니다.
다른 사람들의 이야기를 들으니 성경을 쓰기도 하고, 여러 번 보았다는 이야기를 하는데 나는 성경 전체를 한 번도 읽지 않았으니 자존심이 상하고 창피하기도 합니다.
성경을 읽는 이유와 목적은 성경을 몇 번 쓰고 몇 번 읽었다는 기록과 자랑이 아닙니다.

꼼꼼히 QT 방법과 꼼꼼히 성경 읽는 방법은

하루에 한 절 성경 말씀을 통해 하나님의 음성을 듣고 난 후 하나님이 주시는 생명의 양식을 먹고, 하나님이 주시는 생명수를 마시며, 하나님의 생명으로 살아가는 나의 삶의 축복을 말하는 것입니다.
결코 후회하지 않으실 것입니다.

꼼꼼히 성경 QT는 관찰, 고찰, 성찰, 통찰과 육안, 뇌안, 심안, 영안으로 성경을 보는 방법을 말합니다.

오늘 성경 본문에서 가장 먼저 하나님을 찾아봅니다. 예수님을 찾아봅니다. 성령님을 찾아봅니다. 하루에 성경 한 절씩 보면서 꼼꼼히 성경 QT를 하다가 두 절, 세 절, 그리고 한 단원씩 조금씩 늘려가면서 성경을 정확하고도 분명하게, 확실하고도 자세하게 보자는 것입니다.

우리가 성경을 여러 가지 방법으로 많이 듣다 보니 귀에 익숙합니다. 귀에 익숙한 것은 내가 잘 알고 있다는 착각을 불러오기 쉽습니다.

성경 한 절 안에서 하나님, 예수님, 성령님을 찾아봅니다.

하나님이 누구신가? 예수님이 누구신가? 성령님이 누구신가? 인물, 기타 등을 살펴봅니다.

주요 말씀, 주요 생각, 삶의 적용, 나의 발견, 나의 의견 등을 적습니다.

일기를 쓰기 위해 일기장을 준비하듯이 개인 성경 노트를 준비해야 합니다.

꼼꼼히 QT,
꼼꼼히 성경 읽기를 통해서

꼼꼼히 성경 관찰 = 관찰(자료) – 고찰(정보) – 성찰(지혜) – 통찰(지식) 성경을 더 밝게, 더 분명하게, 더 확실하게, 더 자세히, 더 높이, 더 깊이, 더 넓게 보는 방법

성경에서 사람이 성경을 볼 수 있는 4가지 눈(육안, 뇌안, 심안, 영안)에 대해서 말하고 있습니다. 성경을 보는 다양한 방법들이 많이 있습니다.

행 17:11 베리아에 있는 사람들은 데살로니가에 있는 사람들보다 더 너그러워서 간절한 마음으로 말씀을 받고 이것이 그러한가 하여 날마다 성경을 상고하므로

육안(마 13:16; 눅 10:23)

마 13:16 그러나 너희 눈은 봄으로, 너희 귀는 들음으로 복이 있도다

눅 10:23 제자들을 돌아보시며 조용히 이르시되 너희가 보는 것을 보는 눈은 복이 있도다

뇌안(엡 1:17)

엡 1:17 우리 주 예수 그리스도의 하나님, 영광의 아버지께서 지혜와 계시의 영을 너희에게 주사 하나님을 알게 하시고

심안(마음)(엡 1:18; 눅 24:32)

엡 1:18 너희 마음의 눈을 밝히사 그의 부르심의 소망이 무엇이며 성도 안에서 그 기업의 영광의 풍성함이 무엇이며

눅 24:32 그들이 서로 말하되 길에서 우리에게 말씀하시고 우리에게 성경을 풀어주실 때에 우리 속에서 마음이 뜨겁지 아니하더냐 하고

눅 24:45 이에 그들의 마음을 열어 성경을 깨닫게 하시고

영안(눅 24:31)

눅 24:31 그들의 눈이 밝아져 그인 줄 알아 보더니 예수는 그들에게 보이지 아니하시는지라

욥 42:5 내가 주께 대하여 귀로 듣기만 하였사오나 이제는 눈으로 주를 뵈옵나이다

히 11:23 믿음으로 모세가 났을 때에 그 부모가 아름다운 아이임을 보고 석 달 동안 숨겨 왕의 명령을 무서워하지 아니하였으며

왕하 6:17 기도하여 이르되 여호와여 원하건대 그의 눈을 열어서 보게 하옵소서 하니 여호와께서 그 청년의 눈을 여시매 그가 보니 불말과 불병거가 산에 가득하여 엘리사를 둘렀더라

행 7:55-56 스데반이 성령 충만하여 하늘을 우러러 주목하여 하나님의 영광과 및 예수께서 하나님 우편에 서신 것을 보고 말하되 보라 하늘이 열리고 인자가 하나님 우편에 서신 것을 보노라 한대

꼼꼼히 QT와 꼼꼼히 성경 읽기에 대해서 샘플로 보여드립니다

요한복음 3장 16절에 나타난 하나님과 예수님, 그리고 성령님을 찾아봅니다.

요 3:16 하나님이 (B)세상을 (C)이처럼 사랑하셔서 (D)독생자를 주셨으니 누구든지 (E)그를 (F)믿는 자마다 (G)멸망하지 않고 (H)영생을 얻을 것이다

첫 번째로, 하나님을 찾아봅니다.

1. 세상을 이처럼 사랑하신 하나님
2. 독생자를 주신 하나님
3. 누구든지 그를 믿으라고 하시는 하나님
4. 멸망의 주권자 되시는 하나님
5. 영생을 주시는 하나님

두 번째로, 예수님을 찾아봅니다.

1. 독생자이신 예수님
2. 믿음의 대상자이신 예수님
3. 멸망의 기준이 되시는 예수님
4. 영생의 기준이 되시는 예수님

세 번째로, 성령님을 찾아봅니다.

1. 하나님을 알게 하시고 믿게 하시는 성령님
2. 예수님을 알게 하시고 믿게 하시는 성령님
3. 영생을 얻게 하시는 성령님
4. 물과 성령으로 거듭나게 하시는 성령님

이러한 방법으로 성경 한 절 안에서 하나님과 예수님, 성령님을 찾는 것입니다.

하나님과 예수님, 성령님을 찾은 다음에는 적용을 하는 것입니다. 처음에는 한 절의 성경 구절에서 하나님, 예수님, 성령님을 찾아내는 것입니다. 그러고 난 후에 나타난 하나님, 예수님, 성령님을 나의 삶에 적용하는 것입니다. 같이 해나가면서 하나하나 알게 될 것입니다.

처음에는 여러분이 잘 알고 있는 익숙한 성경 한 절 한 절을 선택하셔서 개인 성경 노트에 성경 구절을 적으시고 선택한 구절 안에서 어떤 하나님이 계신가를 찾는 것입니다. 어떤 예수님이 계신가, 어떤 성령님이 계신가를 찾는 것입니다. 그리고 선택한 구절 안에 나타난 사람은 어떤 사람들이 있는가를 찾는 것입니다.

목차

하루 한 절,
보화를 발견하다

01

마태복음 4장 4절

승리의 삶을 가르쳐 주시는 예수님

마태복음 4장 4절에 나타난 하나님과 예수님, 그리고 성령님을 찾아봅니다.

아래 성경구절을 읽으시기 바랍니다.

마 4:4 예수께서 대답하여 이르시되 기록되었으되 사람이 떡으로만 살 것이 아니요 하나님의 입으로부터 나오는 모든 말씀으로 살 것이라 하였느니라 하시니

오늘은 마태복음 4장 4절의 말씀을 보았습니다. 본문에서 하나님과 예수님, 그리고 성령님을 찾아봅시다.

A. 하나님에 대해서 찾아봅니다

1) 입에서 말씀이 나오는 하나님

2) 말씀으로 사람을 살게 하시는 하나님

3) 사람을 창조하신 하나님(삼위일체 하나님: 성부, 성자, 성령)

4) 말씀 자체이신 하나님

5) 육신과 영혼의 양식을 공급하시는 하나님

B. 예수님에 대해서 찾아봅니다

1) 대답하시는 예수님
2) 기록된 말씀으로 대답하시는 예수님
3) 사람이 무엇을 먹고 사는지를 아시는 예수님(육의 양식과 영의 양식)
4) 사람은 육의 생명과 영의 생명이 있다는 것을 말씀하시는 예수님
5) 말씀을 선포하시는 분
6) 말씀을 가르쳐 이해시키시는 분
7) 하나님의 말씀으로 사시는 분
8) 사람이신 예수님
9) 말씀 자체이신 예수님

C. 성령님에 대해서 찾아봅니다

1) 하나님의 말씀을 생각나게 하시는 성령님
2) 하나님 말씀이 실행되게 하시는 성령님

A. 하나님에 대해서 적용해 봅니다

1) 입에서 말씀이 나오는 하나님
2) 말씀으로 사람을 살게 하시는 하나님
3) 사람을 창조하신 하나님(삼위일체 하나님: 성부, 성자, 성령)
4) 말씀 자체이신 하나님
5) 육신과 영혼의 양식을 공급하시는 하나님

히 4:12 하나님의 말씀은 살아 있고 활력이 있어 좌우에 날선 어떤 검보다도 예리하여 혼과 영과 및 관절과 골수를 찔러 쪼개기까지 하며 또 마음의 생각과 뜻을 판단하나니

하나님의 말씀은 진리입니다. 진리란, 영원히 변하지 않는 것을 말합니다.

하나님의 말씀은 영원히 변하지 않는 말씀입니다. 하나님은 말씀으로 모든 것을 다 하시는 하나님이십니다. 하나님의 이름이 여호와시라고 말하고 있습니다.

출 15:3 여호와는 용사시니 여호와는 그의 이름이시로다

하나님의 이름이 여호와이십니다. 여호와라는 뜻은 먼저 말씀을 하시고, 먼저 말씀하신 것을 반드시 이루시는 분이라는 뜻입니다. 성경을 자세히 보세요. 하나님께서 먼저 말씀을 하시고 말씀하신 것이 반드시 이루어지는 것을 알게 되고 보게 됩니다.

태초에 하나님이 천지를 창조하셨습니다. "빛이 있으라" 하시니 빛이 나타납니다.

먼저 말씀하시고, 말씀하신 것을 반드시 이루게 하시는 분이 또 있으십니다. 그분은 바로 하나님의 독생자 예수 그리스도이십니다. 예수님도 먼저 말씀을 하시고, 말씀하신 것을 이루어지게 하시는 분임을 알 수 있습니다.

하나님께서 무슨 말씀을 하셨는지 자세하고 분명하게, 확실하게 잘 알아야 합니다. 그러면 하나님의 것에 대해서 더 높이, 더 깊이, 더 넓게, 더 크게 알게 됩니다.

"진리를 알지니 진리가 너희를 자유케 하리라"는 축복의 말씀을 알게 될 것입니다. 하나님은 말씀으로 사람을 살게 하시는 분입니다. 하나님께서 사람을 창조하실 때 이렇게 창조하신 것입니다. 사람은 하나님의 창조 법칙을 떠나서 살 수 없습니다. 창조 법칙을 잘 알아야 합니다.

특히 시편을 보면 하나님의 말씀을 사모하며 갈망하는 시편 기자의 모습을 보게 됩니다. 하나님의 말씀을 사모하지 않고 갈망하지 않는 사람은 왜 그러한가요? 우리는 하나님의 입에서 나오는 말씀을 받아먹으며 살아야 합니다.

광야에서 이스라엘 백성들은 하나님의 말씀을 모세를 통해서 받아먹고 살았습니다. 이것을 율법이라고 합니다. 하나님으로부터 직접 하나님의 말씀을 받아먹고 살아야 합니다. 이것을 복음이라고 합니다.

하나님께서는 사람을 육신(겉사람)과 영혼(속사람)으로 창조하셨습니다. 육신의 양식이 있고 영혼의 양식이 있습니다. 육신의 양식으로 씨 맺는 채소와 열매, 그리고 짐승의 고기를 주셨습니다. 영혼의 양식으로 하나님의 입으로부터 나오는 말씀을 주셨습니다.

육신의 양식과 영혼의 양식이 무엇인지 잘 알고 잘 먹고 잘 살아가고 있나요? 사람들은 육신의 것에 대해서 많은 관심과 신경을 쓰면서 살아가고 있습니다. 그렇다면 영혼에 대해서도 많은 관심과 신경을 쓰면서 살아가고 있나요? 영혼에 대해서 알아야 관심과 신경을 쓰면서 살 텐데, 모르기 때문에 무엇을 어떻게 해야 할지, 무방비 상태에서 살아가는 사람들이 많습니다.

여러분은 영혼을 잘 관리하면서 살아가고 계십니까? 영혼을 잘 관리하면서 살아가고 있다면 무엇을 어떻게 하고 계십니까?

사람을 창조하신 하나님(삼위일체 하나님: 성부, 성자, 성령)은 사람을 어떻게 창조하셨나요?

창 2:7 여호와 하나님이 땅의 흙으로 사람을 지으시고 생기를 그 코에 불어넣으시니 사람이 생령이 되니라

여호와 하나님이 흙으로 사람을 지었습니다. 겉 사람을 지었습니다.

고후 4:16 그러므로 우리가 낙심하지 아니하노니 우리의 겉 사람은 낡아지나 우리의 속사람은 날로 새로워지도다

우리 영혼은 무엇을 먹고 살도록 창조하셨습니까? 하나님의 말씀을 먹고 살도록 창조하셨습니다. 즉 생명을 먹고 살도록 창조하셨습니다. 하나님의 생명을 먹고 살도록 창조하신 것입니다.

요 6:63 살리는 것은 영이니 육은 무익하니라 내가 너희에게 이른 말이 영이요 생명이라

B. 예수님에 대해서 적용해 봅니다

1) 대답하시는 예수님

예수님이 성령에 이끌려 금식하신 후에, 마귀가 예수님을 시험하는 질문에 대답하신 것입니다. 예수님은 대답을 통해서 오늘 우리에게 말씀하신 것입니다. 사탄 마귀를 대적해서 이기는 방법에 대해서 가르쳐 주신 것입니다. 우리는 예수님이 사용하신 방법대로 하나님의 말씀으로 사탄 마귀를 물리치고 이기며 살아야 합니다. 예수의 이름으로 사탄 마귀를 물리치며 승리하여 하나님께 영광을 돌리며

살아야 합니다.

2) 기록된 말씀으로 대답하시는 예수님

하나님은 기록된 말씀 밖으로 나가지 않으시고, 말씀을 초월하지 않으십니다. 기록된 말씀을 이루시는 하나님이십니다.

3) 사람이 무엇을 먹고 사는지를 아시는 예수님(육의 양식과 영의 양식)

세상의 모든 사람들은 육의 양식에 대해서는 본능적으로 잘 알고 있습니다. 그러나 대부분의 사람들, 특히 그리스도인들 중에도 영의 양식에 대해서 잘 알지 못하는 자들이 있습니다. 육의 양식을 위해서는 열심히 부지런히 살아갑니다. 하지만 영의 양식을 위해서는 무엇을 하며 살아가고 있습니까?

4) 사람은 육의 생명과 영의 생명이 있다는 것을 말씀하시는 예수님

육의 생명을 겉 사람이라고 합니다. 영의 생명을 속사람이라고 합니다. 하나님은 육의 생명의 양식으로 '각종 씨 맺는 채소와 열매'(창 1:29)를 주셨습니다. 노아 홍수 이후에는 '생명이 있는 동식물'(창 9:3)을 먹도록 하셨습니다. 그리고 하나님께서는 영의 생명의 양식으로 하나님의 입에서 나오는 말씀을 먹고 살게 하셨습니다.

시 130:5 나 곧 내 영혼은 여호와를 기다리며 나는 주의 말씀을 바라는도다

전 12:7 흙은 여전히 땅으로 돌아가고 영은 그것을 주신 하나님께로 돌아가기 전에 기억하라

우리 영혼은 하나님의 나라로 돌아갑니다. 믿음의 결국은 영혼 구원입니다. 어리석은 사람의 이야기를 살펴보면, 한 해 농사가 너무나 잘되었을 때 혼자 뭐라고 말하였나요?

눅 12:19 또 내가 내 영혼에게 이르되 영혼아 여러 해 쓸 물건을 많이 쌓아 두었으니 평안히 쉬고 먹고 마시고 즐거워하자 하리라

이는 영혼의 양식과 육신의 양식이 무엇인지를 알지 못하는 사람의 모습입니다. 영혼의 양식과 육신의 양식을 분별하며 살아가고 있습니까?

C. 성령님에 대해서 적용해 봅니다

1) 하나님의 말씀을 생각나게 하시는 성령님
2) 하나님 말씀을 실행되게 하시는 성령님
하나님이 보혜사 진리의 성령님을 통해서 우리를 도와주십니다.

요 14:26 보혜사 곧 아버지께서 내 이름으로 보내실 성령 그가 너희에게 모든 것을 가르치고 내가 너희에게 말한 모든 것을 생각나게 하리라

요 16:13 그러나 진리의 성령이 오시면 그가 너희를 모든 진리 가운데로 인도하시리니 그가 스스로 말하지 않고 오직 들은 것을 말하며 장래 일을 너희

에게 알리시리라

우리는 성령의 인도하심을 받으며 살아가는 삶을 살아가야 합니다. 오늘 말씀에서 나에게 주시는 메시지는 무엇입니까?

마 4:4 예수께서 대답하여 이르시되 기록되었으되 사람이 떡으로만 살 것이 아니요 하나님의 입으로부터 나오는 모든 말씀으로 살 것이라 하였느니라 하시니

- 평소에 성경을 통해서 하나님께서, 예수님께서 하시는 말씀을 들으시나요?
- 오늘 말씀에서 예수님이 나에게 필요한 양식이 어떤 양식이라고 하시나요?
- 사람에게 필요한 두 가지 양식(육의 양식과 영의 양식) 중에서
  육의 양식은 어떻게 해결하며 살아가고 계시나요?
  영의 양식은 어떻게 해결하며 살아가고 계시나요?
- 사람들은 이 두 가지 양식 중에 어떤 양식을 귀중히 여기며 살아가고 있나요?
- 나는 이 두 가지 양식 중에 어떤 양식을 더 귀중히 여기며 살아가고 있나요?

02

히브리서 1장 1절

오늘도 말씀하시는 하나님

히브리서 1장 1절에 나타난 하나님과 예수님, 그리고 성령님을 찾아봅니다.

히 1:1 옛적에 선지자들을 통하여 여러 부분과 여러 모양으로 우리 조상들에게 말씀하신 하나님이

1) 옛적에 말씀하신 하나님
2) 선지자들을 통하여 말씀하신 하나님
3) 여러 부분으로 말씀하신 하나님
4) 여러 모양으로 말씀하신 하나님
5) 우리 조상들에게 말씀하신 하나님

1) 옛적에 말씀하신 하나님

옛적이란 언제를 말하는 것인가요? 히브리서 저자가 말하고 있는 옛적은 언제인가요?

유대인들은 구약을 옛적이라고 합니다. 선지자의 시대, 조상들이 살던 시대, 모세 오경을 말하기도 합니다. 특히 아브라함과 이삭과

야곱을 말하기도 합니다. 야곱의 열두 아들 곧 이스라엘의 12지파, 이스라엘 백성을 말하기도 합니다.

창세기에서 말라기까지를 구약 전체라고 합니다. 우리에게 옛적은 언제인가요? 우리에게 있었던 옛적, 나에게 있었던 옛적에 대해서 이야기해 봅시다.

2) 선지자들을 통하여 말씀하신 하나님

구약에 나오는 선지자는 대선지자들과 소선지자들로 구분되고, 진짜 선지자와 가짜 선지자로 구분됩니다.

*진짜 선지자 = 1) 하나님께 직접 부르심을 받은 자
2) 하나님께 직접 말씀을 받은 자
3) 하나님께 받은 말씀을 그대로 선포하는 자

가짜 선지자는 진짜 선지자의 요건 3가지 중에 하나라도 다르면 가짜 선지자입니다. 하나님께서는 선지자를 통해서 하나님의 말씀을 사람들에게 전달하셨습니다. 선지자를 통해서 전달된 하나님의 말씀을 들은 사람들의 반응은 어떠하였나요?

사람들의 반응은 순종의 반응과 불순종의 반응으로 나타납니다. 하나님께 순종의 반응으로 나타나면 하나님의 축복이 임하였습니다. 하나님께 불순종의 반응으로 나타나면 하나님의 저주가 임하였습니다.

하나님은 오늘도 사람들에게 다양한 방법으로 말씀하고 계십니다. 하나님은 어떤 방법으로 사람들에게 말씀하고 계시나요? 오늘 우리(나)는 어떻게 하나님의 말씀을 들으며 살아가고 있나요?

나 자신에게 진솔하게 현실적으로 말해봅시다.

요 10:27 내 양은 내 음성을 들으며 나는 그들을 알며 그들은 나를 따르느니라

우리는 이렇게 찬송합니다. "주의 음성을 내가 들으니 사랑하는 말일세. 주 음성 외에는 더 기쁨 없도다." 주의 음성을 들으며 살아가는 삶을 살아야 합니다. 하루에 한 절 한 절의 꼼꼼한 성경 관찰을 통해 주의 음성을 들으며 살아가시기를 바랍니다.

3) 여러 부분으로 말씀하신 하나님

여러 부분이란 무엇을 의미합니까? 여러 부분을 정확하게 단어상으로 구분해 내기는 힘들지만, 대강의 뜻을 정리하자면, 여러 부분(폴리메로스)이라는 단어는 고전 헬라어에서 '많은'이라는 말과(폴리) '부분'(메로스)이라는 말의 합성으로서 문자적으로도 한글과 같이 '여러 부분들'을 의미합니다. 즉 이 말은 역사상으로 보자면 '시대의 여러 부분들', 즉 '여러 시대들' 정도로 이해하면 될 듯합니다.

특히 히브리서는 예수 그리스도가 누구신가를 나타내기 위해서 여러 방법으로 증거하고 있다는 것을 강조하고 있습니다.

예수 그리스도와 개인적인 일에 대해서 말씀하시는 경우
예수 그리스도와 가정적인 일에 대해서 말씀하시는 경우
예수 그리스도와 국가적인 일에 대해서 말씀하시는 경우
예수 그리스도와 이방 나라에 대해서 말씀하시는 경우
예수 그리스도와 우리(나)에게 말씀하시는 경우

이러한 다양한 증거를 통해 어떤 부분에 대해서 얼마만큼 말씀하

고 계시는지 알아보고 깨달아봅시다.

4) 여러 모양으로 말씀하신 하나님

여러 모양이란? 여러 모양(폴리트로포스)이란 '많은'(폴리)이라는 말이 풍습, 습관, 태도, 방법 등을 의미하는 '트로포스'와 결합한 것으로서 여러 가지 방식들을 의미합니다. 이는 하나님께서 계시를 여러 가지 방식과 모양으로 주셨음을 의미한다고 할 수 있겠습니다.

다시 말하면, 하나님께서 여러 부분과 여러 모양으로 말씀하셨다는 말의 의미는, 하나님이 각 시대에 선지자로, 꿈으로, 환상으로, 기타 여러 가지 방법으로 사람들에게 예수 그리스도에 대해 계시를 주셨다는 의미입니다. 다양한 방법으로, 다양한 장소에서, 우리(나)에게 말씀하고 계시다는 것입니다.

하나님의 사자를 통해서 예수 그리스도에 대해 말씀하시는 경우
하나님의 천사들을 통해서 예수 그리스도에 대해 말씀하시는 경우
하나님이 직접 음성을 통해서 예수 그리스도에 대해 말씀하시는 경우

하나님으로부터 예수 그리스도에 대해 어떤 방법으로 말씀이 주어진 경험이 있었나요? 하나님은 이렇게 말씀하십니다(요 14:26, 16:13; 고전 2:10). 예수의 이름으로 보혜사 진리의 성령을 통해서 우리(나)에게 말씀하십니다.

요 14:26 보혜사 곧 아버지께서 내 이름으로 보내실 성령 그가 너희에게 모든 것을 가르치고 내가 너희에게 말한 모든 것을 생각나게 하리라

요 16:13 그러나 진리의 성령이 오시면 그가 너희를 모든 진리 가운데로 인도하시리니 그가 스스로 말하지 않고 오직 들은 것을 말하며 장래 일을 너희에게 알리시리라

고전 2:10 오직 하나님이 성령으로 이것을 우리에게 보이셨으니 성령은 모든 것 곧 하나님의 깊은 것까지도 통달하시느니라

5) 우리 조상들에게 말씀하신 하나님

유대인들이 말하는 조상은 아브라함, 이삭, 야곱을 대표적으로 말하고 있습니다. 그리고 이스라엘의 12지파와 백성들을 말하는 것입니다.

하나님께서 이스라엘의 조상 아브라함, 이삭, 야곱에 대해서 그들에게 얼마나 많은 말씀을 하셨나요? 그 중에 특히 기억해야 할 말씀은 하나님께서 언약하신 말씀입니다. 창세기 3장 15절에 "여자의 후손을 통해서 너희들을 구원하리라. 메시아를 보내주겠다"라고 하셨습니다. 하나님의 독생자 예수 그리스도를 통해서 구원을 이루시겠다고 약속하신 말씀대로 예수 그리스도는 하나님의 모든 계획과 뜻을 다 이루셨습니다. "나는 너희의 하나님이 되고 너희는 내 백성이 되리라."

하나님은 오늘도 세상을 향해서 말씀하고 계십니다.
누구에게, 왜, 뭐라고 말씀하시나요? 언제, 어디서 말씀하시나요?
우리는 주의 음성을 들으며 살아가야 합니다.

오늘 말씀에서 나에게 주시는 메시지는 무엇인가요?

히 1:1 옛적에 선지자들을 통하여 여러 부분과 여러 모양으로 우리 조상들에게 말씀하신 하나님이

- 오늘도 나에게 말씀하시는 하나님의 음성을 들으며 살아가고 계시나요?
- 하나님은 오늘도 다양한 방법으로 나에게 말씀하고 계신다는 것을 기억해야 합니다.
- 하나님께서 나에게 말씀하신 것을 경험해 보신 일이 있으신가요?
- 하나님이 최근에 나에게 말씀하신 것은 언제인가요?
- 나는 영의 귀와 영의 눈이 열려 있다고 생각하십니까?

03

마태복음 8장 1-4절

언약의 믿음으로 받은 축복

마태복음 8장 1-4절에 나타난 하나님과 예수님, 그리고 성령님을 찾아봅니다.

A. 마 8:1 예수께서 산에서 내려오시니 수많은 무리가 따르니라

B. 마 8:2 한 나병환자가 나아와 절하며 이르되 주여 원하시면 저를 깨끗하게 하실 수 있나이다 하거늘

C. 마 8:3 예수께서 손을 내밀어 그에게 대시며 이르시되 내가 원하노니 깨끗함을 받으라 하시니 즉시 그의 나병이 깨끗하여진지라

D. 마 8:4 예수께서 이르시되 삼가 아무에게도 이르지 말고 다만 가서 제사장에게 네 몸을 보이고 모세가 명한 예물을 드려 그들에게 입증하라 하시니라

A. 마태복음 8장 1절에 나타난 하나님과 예수님, 그리고 성령님을 찾아봅니다

마 8:1 예수께서 산에서 내려오시니 수많은 무리가 따르니라

1) 산에서 내려오시는 예수님
2) 산에 올라가셨던 예수님
3) 수많은 무리가 따르는 예수님

마태복음 5장 1절에 예수님께서 무리를 보시고 산에 올라가십니다. 왜 산에 올라가셨나요? 무리들은 예수님이 산으로 올라가시니 예수님을 따라 올라갑니다. 예수님을 따르는 무리들은 예수님에 대한 이러저런 소문을 듣고 모여들었습니다. 무리들은 예수님에게 무엇을 기대하며 따라왔을까요? 모든 것을 다 아시는 예수님은 무리들이 무엇을 기대하는지 다 알고 계셨을 것입니다. 예수님은 무리들이 바라는 희망사항이나 원하는 기대에 어긋나지 않게 해주셨나요?

무리들이 예수님에게 원하는 희망사항과 바라는 기대는 육신적인 것, 세상적인 것입니다. 예수님이 가르치시는 말씀은 무리들이 원하고 바라는 기대에 빗나간 것이었습니다. 예수님은 육신적인 것, 세상적인 것보다 영적인 것, 하나님 나라의 것에 대해 말씀해 주십니다. 예수님에게 실망하는 무리들의 모습을 상상해 보세요.

예수님을 믿고 따르는 많은 사람들 중에 오늘도 예수님에게 실망하며 살아가는 사람들이 많습니다. 예수님에게 거는 기대와 원하고 바라는 희망사항이 이루어지지 않는 현실에 지쳐서 낙심하고 절망하며 쓰러져 살아가는 사람들의 모습을 상상해 봅시다.

나는 예수님을 자세히, 분명하고 확실하게 잘 알고 있나요?
내가 예수님에게 거는 기대는 무엇인가요?
내가 예수님에게 원하고 바라는 희망사항은 무엇인가요?

예수님이 산에 올라가신 이유와 목적이 마태복음 5-7장에 잘 나타나 있습니다. 예수님은 산에서 제자들과 무리들에게 율법과 복음의 말씀을 가르치셨습니다. 예수님이 산에서 말씀하시고 가르치신 마태복음 5-7장의 분량은 3시간 이상 소요됩니다.

B. 마태복음 8장 2절에 나타난 하나님과 예수님, 그리고 성령님을 찾아봅니다.

마 8:2 한 나병환자가 나아와 절하며 이르되 주여 원하시면 저를 깨끗하게 하실 수 있나이다 하거늘

1) 나병환자의 절을 받으시는 예수님
2) 나병환자의 말을 들으시는 예수님
3) 나병환자를 거절하지 않으시는 예수님
4) 나병환자가 알고 있는 예수님
5) 나병환자가 믿고 있는 예수님
6) 세상에 오신 이유와 목적이 있으신 예수님

우리는 먼저 한 나병환자에 대해서 생각해 봅시다. 예수님에 대한 소문이 온 세상에 두루 퍼지고 있었습니다. 병든 자들에게 기쁜 소식, 희망의 소식은 고침을 받을 수 있다는 것입니다. 나병환자들은

고침 받지 못하는 병으로 알고 살아가는 사람들입니다. 그런데 예수님이 각종 병에 걸린 자들을 고치시며 나병까지 고치신다는 소문을 듣습니다. 절망 중에 살아가던 사람에게 희망이 생긴 것입니다.

예수님만 만났다면 고침을 받을 수 있다는 것일까요? 한 나병환자는 예수님에 대한 소문을 듣고 예수님이 누구신가에 대해서 자세히, 분명하고도 확실하게 알아본 사람입니다. 예수님이 누구신가요? 예수님을 자세히, 분명하고도 확실하게 잘 아는 것이 매우 중요합니다.

한 나병환자는 어떤 방법으로 알았든지 예수님을 자세히, 분명하고도 확실하게 잘 알았습니다. 예수님을 잘 알고 있는 그의 믿음은 예수님을 감동시키는 믿음이었습니다. 오늘 말씀처럼 기회를 만들어 예수님 앞에 담대히 나아온 것입니다.

그는 수많은 사람들을 의식하지 않았습니다. 그는 돌에 맞아 죽을 수도 있었습니다. 예수님 앞에 나아가는 데까지는 성공했는데 예수님이 거절하신다면 어떻게 될까요? 한 나병환자가 예수님을 자세히, 분명하고도 확실하게 잘 알았다는 말은 예수님이 거절하지 못하신다는 것을 알았다는 의미입니다.

한 나병환자는 예수님께 나아가 절을 하고 "주여, 원하시면 나를 깨끗하게 하실 수 있나이다"라고 했습니다. 그는 내(사람)가 아무리 원한다고 되는 것이 아니라 하나님, 예수님이 원하셔야 된다는 것을 안 것입니다. 이 얼마나 놀라운 진리를 깨닫고 발견한 사람입니까? 한 나병환자는 예수님이 이 세상에 왜, 무엇하려고 오셨는지 알았습니다.

마 11:5 맹인이 보며 못 걷는 사람이 걸으며 나병환자가 깨끗함을 받으며 못 듣는 자가 들으며 죽은 자가 살아나며 가난한 자에게 복음이 전파된다 하라 그는 하나님이 선지자들을 통해 전파하신 복음의 소식을 알고 믿었습니다.

"주여, 원하시면 나를 깨끗하게 하실 수 있나이다"라는 나병환자의 말은 '예수님은 하나님이 선지자들을 통해서 전파하신 복음을 이루려고 오신 분'이라는 말입니다.

그의 말에는 다음과 같은 의미가 담겨 있습니다.

"나를 위해서 이 세상에 오신 예수님, 감사합니다.
예수님이 이 세상에 오신 이유와 목적은
바로 나 같은 사람 때문입니다.
예수님, 나를 통해서 예수님이 누구신지 자세히,
분명하고 확실하게 잘 알지 못하는 이 사람들에게
예수님이 누구신가를 나타내 보여 알게 해주소서.
예수님, 선지자들을 통해서 전파되는 복음의 도구로
나를 사용하여 주소서.
예수님, 선지자들을 통해서 전파되는 복음의 영광을
나타내소서."

하나님, 예수님, 성령님을 왜 자세히, 분명하고 확실하게 잘 알아야 합니까?

하나님은 우리에게 말씀하신 것을 이루어 주십니다.

예수님은 하나님이 말씀하신 것을 이루시기 위해서 이 세상에 오셨습니다.

사 53:5 그가 찔림은 우리의 허물 때문이요 그가 상함은 우리의 죄악 때문이라 그가 징계를 받으므로 우리는 평화를 누리고 그가 채찍에 맞으므로 우리는 나음을 받았도다 예수님 앞에 나오지 못할 인생은 하나도 없습니다.

예수님은 누구든지 예수님 앞에 나오기만 하면 거절하지 않으십니다.

누구든지 모두 다 영접해 주시는 예수님께서는 "누구든지 다 오라"고 말씀하십니다.

조건이 없습니다. 누구든지 예수님께 오기만 하면 됩니다.

혈루증 여인도 거절하지 않으시는 예수님을 믿었습니다. 그 여인은 예수님이 원하시면 무엇이든지 하실 수 있다는 것을 믿는 믿음을 가졌고, 예수님이 원하시는 일은 무엇이든지 언제든지 다 하실 수 있다는 믿음을 가졌습니다.

그렇다면 예수님이 원하시는 일은 무엇인가요?

예수님은 하나님의 뜻, 하나님의 일, 하나님의 계획, 하나님의 목적, 하나님의 언약을 이루기를 원하십니다. 즉 하나님이 원하시는 것이 곧 예수님이 원하시는 것입니다.

우리는 예수님이 무엇을 원하시는가를 아는 사람이 되어야 합니다. 주님의 마음을 헤아리는 사람이 되어야 합니다. 그것이 어떻게 가능할까요? 하나님이 보내신 보혜사 진리의 성령을 통해 가능합니다.

요 14:26 보혜사 곧 아버지께서 내 이름으로 보내실 성령 그가 너희에게 모든 것을 가르치고 내가 너희에게 말한 모든 것을 생각나게 하리라

요 16:13 그러나 진리의 성령이 오시면 그가 너희를 모든 진리 가운데로 인도하시리니 그가 스스로 말하지 않고 오직 들은 것을 말하며 장래 일을 너희에게 알리시리라

우리는 성령의 인도함을 받으며 살아가야 합니다.

C. 마태복음 8장 3절에 나타난 하나님과 예수님, 그리고 성령님을 찾아봅니다.

마 8:3 예수께서 손을 내밀어 그에게 대시며 이르시되 내가 원하노니 깨끗함을 받으라 하시니 즉시 그의 나병이 깨끗하여진지라

1) 당돌한 나병환자를 만나신 예수님
2) 함께 할 수 없는 나병환자를 만나신 예수님
3) 사람들이 보는 현장에서 나병환자를 만나신 예수님
4) 손을 내밀어 나병환자를 만지신 예수님
5) 나병환자 접촉 금지 규례를 어기신 예수님
6) 사람들의 눈을 의식하지 않으신 예수님
7) 나병환자의 요구사항에 응답하신 예수님
8) 나병환자의 치료를 원하신 예수님
9) 나병환자를 깨끗이 치료하신 예수님
10) 나병환자를 말씀으로 치료해 주신 예수님
11) 기적을 행하신 예수님

예수님은 한 나병환자의 간구함을 들으시고 그의 생각과 마음을 아셨습니다. 가까이할 수 없는 나병환자에게 손을 내밀어 그를 만지시며 “내가 원하노니 깨끗함을 받으라”고 하셨습니다.

예수님은 ‘예수님이 세상에 온 이유’를 알고 믿고 간구하는 한 나병환자의 질병을 깨끗하게 치유해 주셨습니다. 수많은 무리들이 보

고 있는 현장에서 치유의 역사가 이루어졌습니다.

이 광경을 본 수많은 무리들이 얼마나 놀랐을까요?
이 광경을 본 수많은 무리들은 무슨 생각과 마음을 가졌을까요?
그 현장에 치유를 받아야 할 사람들이 얼마나 많이 있었겠습니까?
나는 주님으로부터 치유받아야 할 것은 없나요?
치유받아야 할 것이 있다면 주님 앞에 어떻게 해야 하는지 나병 환자를 통해서 배웠나요?
배웠다면 주저하지 말고 담대히 주님께 간구해 봅시다.
주님께서 나에게 어떻게 역사해 주시는가를 보고 듣고 깨닫고 체험해 봅시다.
그리고 주님께 영광을 돌리며, 그 주님을 증거하고 전파해 봅시다.

제자들과 무리들은 산 위에 계실 때의 예수님과 산 아래에 계신 예수님의 차이점을 생각하며 예수님에 대해서 자세히, 분명하고 정확하게, 더 잘 알아야 한다는 것을 느꼈을까요? 수없이 강조해도 부족한 것이 있다면 하나님과 예수님, 그리고 성령님에 대해서 자세히, 분명하고 정확하게, 더 잘 알아야 한다는 것입니다.
나는 하나님, 예수님, 성령님에 대해서 얼마나 자세히, 분명하고 정확하게 알고 있나요? 확인하고 또 확인하며 살아가야 합니다.

내가 아무리 원해도 주님이 원하셔야 된다는 것을 알고 있나요?
주님이 원해야 된다는 것을 알았다면 이제부터 어떠한 삶을 살아야 할까요?
나는 주님에 대해 얼마나 바르게 알고 있나요?

나병환자는 주님이 원하셔서 고침을 받았습니다.
주님이 원하셔야 응답의 열매가 있습니다.
주님이 원하셔야 역사가 일어납니다.

그렇다면 주님이 원하시는 일이 무엇인가요?
주님이 원하시는 일을 찾으며 살아갑시다.
주님이 나병환자의 마음을 아셨다면, 나의 마음도 아실 것입니다.

사람들은 나에게 일어난 기적과 표적이 아니어도 기적과 표적 앞에 언제나 놀라워합니다.

나에게도 놀라운 기적과 표적의 일들이 나타나는 믿음의 삶을 살아야 합니다.

이러한 믿음의 삶을 살아가고 있나요? 이러한 믿음의 삶을 살아가고 있지 않다면 무엇이 문제인지 찾아야 합니다. 문제의 해답은 하나님, 예수님, 성령님을 자세하게, 그리고 분명하고 정확하게 알아가는 것입니다. 온전한 복음이 무엇인지를 자세히, 분명하고 정확하게 잘 알아가는 것입니다.

D. 마태복음 8장 4절에 나타난 하나님과 예수님, 그리고 성령님을 찾아봅니다.

마 8:4 예수께서 이르시되 삼가 아무에게도 이르지 말고 다만 가서 제사장에게 네 몸을 보이고 모세가 명한 예물을 드려 그들에게 입증하라 하시니라

1) 말씀하시는 예수님

2) 나병환자에게 부탁하시는 예수님

3) 율법의 규례대로 하라고 하시는 예수님

4) 우선순위를 가르쳐 주시는 예수님

5) 법도와 제도를 무시하지 않으시는 예수님

예수님은 나병환자에게 앞으로 해야 할 일에 대해서 가르쳐 주십니다. 이는 당시의 제도와 법도에 따라, 율법에 따라 해야 하는 일입니다. 곧 나병환자가 치유받은 사실을 제사장에게 가서 입증받는 일입니다. 나병의 치유가 불가능한 시대에 나병환자였던 사람이 제사장에게 가서 입증을 받으면서 치유받은 일에 대해 증거할 때 예수님이 증거되며 전파되는 것입니다. 모든 백성들과 특히 종교 지도자들에게 예수님이 증거되고 전파되는 것입니다.

오늘 나는 예수님에 대해서 무엇을 증거하고 무엇을 전파하는 삶을 살고 있나요? 하나님은 오늘도 나를 통해서 예수 그리스도의 복음이 전파되기를 간절히 원하고 계십니다.

"제사장에게 몸을 보이라."

이는 당시 제사장의 직무로, 몸이 나은 자는 모세가 명한 예물을 드려 입증하게 했습니다.

모세가 명한 예물이 무엇입니까? 레위기 14장 1절 이하에 나타나 있습니다.

예수님은 나병환자에게 왜 아무에게도 말하지 말라고 하십니까?

예수님은 나병에서 치유함 받은 사람에게 그가 할 일이 무엇인가를 가르쳐 주십니다.

치유함을 받은 자로서 삶의 우선순위가 무엇인가를 알게 해주신 것입니다.

세상을 살아가는 모든 사람들은 내 삶의 우선순위가 무엇인가를 바로 알고 깨닫고 살아야 합니다.

내 삶의 우선순위는 무엇입니까?

예수님께서 말씀 전파하심을 마치고 산에서 내려오십니다(마 5-7장). 허다한 무리가 예수님을 좇아 내려옵니다.

산에서 내려와 한 나병환자의 영접을 받으시며 그의 간구를 들으시는 예수님, 그의 간구에 축복으로 응답하시는 예수님을 보게 되는 나병환자와 수많은 무리들, 나병환자의 간구를 들으신 예수님께서 왜 축복으로 응답하셨는가를 우리는 알아야 합니다.

나병환자의 하나님의 언약을 믿는 믿음과 하나님의 언약을 이루러 오신 예수님을 믿는 믿음이 축복을 가져오게 되었습니다.

누가 이렇게 하실 수 있을까요? 창조주시요 전능자만이 이런 능력을 나타내 보여 주시는 것입니다.

예수님이 행하시는 기적과 표적 앞에 사람들은 믿음의 고백을 합니다.

니고데모 = 바리새인, 관원, 이스라엘의 선생

요 3:2 그가 밤에 예수께 와서 이르되 랍비여 우리가 당신은 하나님께로부터 오신 선생인 줄 아나이다 하나님이 함께하시지 아니하시면 당신이 행하시는 이 표적을 아무도 할 수 없음이니이다

요 6:14 그 사람들이 예수께서 행하신 이 표적을 보고 말하되 이는 참으로 세상에 오실 그 선지자라 하더라

예수님 앞에 드리는 나의 믿음의 고백은 무엇인가요?
오늘 말씀에서 나에게 주시는 메시지는 무엇입니까?

A. 마 8:1 예수께서 산에서 내려오시니 수많은 무리가 따르니라

B. 마 8:2 한 나병환자가 나아와 절하며 이르되 주여 원하시면 저를 깨끗하게 하실 수 있나이다 하거늘

C. 마 8:3 예수께서 손을 내밀어 그에게 대시며 이르시되 내가 원하노니 깨끗함을 받으라 하시니 즉시 그의 나병이 깨끗하여진지라

D. 마 8:4 예수께서 이르시되 삼가 아무에게도 이르지 말고 다만 가서 제사장에게 네 몸을 보이고 모세가 명한 예물을 드려 그들에게 입증하라 하시니라

- 나는 예수님을 따르는 무리 중에 한 사람입니까, 제자 중에 한 사람입니까?
- 예수님을 따르는 이유와 목적이 무엇입니까? 나는 치유의 경험을 한 적이 있나요? 나의 기도는 무엇을 위한 기도, 누구를 위한 기도인가요?
- 내가 하나님에 대해서, 예수님에 대해서 입증할 만한 것이 있다면 무엇입니까? 입증한다는 말은 '증인의 삶을 산다'라는 말입니다.
- 복음의 참된 증인으로 살아가고 있나요?

04

데살로니가전서 5장 16-18절

하나님의 뜻을 따라 살아가는 삶

데살로니가전서 5장 16-18절에 나타난 하나님과 예수님, 그리고 성령님을 찾아봅니다.

살전 5:16 항상 기뻐하라

살전 5:17 쉬지 말고 기도하라

살전 5:18 범사에 감사하라 이것이 그리스도 예수 안에서 너희를 향하신 하나님의 뜻이니라

A. 하나님에 대해서 찾아봅니다

1) 그리스도 예수 안에 있게 하시는 하나님
2) 나를 향하고 있으신 하나님
3) 뜻이 있으신 하나님
4) 하나님의 뜻이 이루어지는 장소가 되신 예수 그리스도

1) 그리스도 예수 안에 있게 하시는 하나님

하나님께서는 왜 그리스도 예수 안에만 있게 하십니까? 하나님은 그리스도 예수 안에서 모든 것을 하시기 때문입니다. 하나님은 그리스도 예수 안에서 과거, 현재, 미래의 모든 것, 그리고 눈에 보이는 것과 눈에 보이지 않는 모든 것을 행하시기 때문입니다.

2) 나를 향하고 있으신 하나님

그리스도 예수 안에서 나를 향하신 하나님의 뜻이 있습니다. 그것은 "항상 기뻐하라, 쉬지 말고 기도하라, 범사에 감사하라"는 것입니다. 이렇게 살아가는 삶이 가능합니까? 이렇게 살아가고 있습니까?

하나님은 불가능한 것을 우리에게 원하고 바라시면서 하나님의 뜻이라고 하실까요? 하나님께서는 그리스도 예수 안에 살면 가능하다는 것을 가르쳐 주고 있습니다. 이것이 그리스도 예수 안에서 살아가는 사람의 삶의 모습이라는 것입니다. 이것이 그리스도 예수 안에서 살아가는 사람의 삶의 열매라는 것입니다.

그리스도 예수 안에서 살아가고 있습니까? 그리스도 예수 밖에서 살아가고 있습니까? 내 삶의 현재 위치를 확인해 보십시오. 나는 지금 어디에서 살고 있습니까?

3) 뜻이 있으신 하나님

오늘 본문에 나타난 하나님의 뜻은 그리스도 예수 안에서 "항상 기뻐하라, 쉬지 말고 기도하라, 범사에 감사하라"는 것입니다. 여기에서 놓치지 말아야 할 중요한 점은 '그리스도 예수 안에서'입니다. 하나님은 '그리스도 예수 안에서' 이루어진 것만 인정하신다는 것입니다. 하나님은 그리스도 예수 밖에서 이루어진 것은 인정하지 않으십니다. 하나님은 무엇을 하든지 그리스도 예수 안에서 행한 것만 인정하십니다.

"항상 기뻐하라, 쉬지 말고 기도하라, 범사에 감사하라"는 것에만 신경을 쓰다 보면 그리스도 예수 안에서 하고 있는 것인지, 그리스도 예수 밖에서 하고 있는 것인지 분별하지 못하고 살아가는 경우가 있기 때문입니다.

성경에 하나님의 뜻이 어떻게 담겨 있는가를 살펴보는 것도 필요합니다. 그래야 하나님의 뜻을 따라 하나님을 기쁘게 하며 살아갈 수 있습니다.

4) 하나님의 뜻이 이루어지는 장소가 되신 그리스도 예수

하나님은 '그리스도 예수' 안에서만 모든 것을 이루십니다. 하늘의 것이나 땅의 것이나 눈에 보이는 것이나 눈에 보이지 않는 것이나 현재 일이나 장래 일이나 모두 그리스도 예수 안에서만 이루십니다.

오늘 말씀에서 나에게 주시는 메시지는 무엇입니까?

살전 5:16 항상 기뻐하라

살전 5:17 쉬지 말고 기도하라

살전 5:18 범사에 감사하라 이것이 그리스도 예수 안에서 너희를 향하신 하나님의 뜻이니라

- 나는 항상 기뻐하며 살아갈 수 있습니까? 못할 것을 하라고 하지 않으시는

하나님이십니다.

- 나는 쉬지 말고 기도하며 살아갈 수 있습니까? 못할 것을 하라고 하지 않으시는 하나님이십니다.
- 나는 범사에 감사하며 살아갈 수 있습니까? 못할 것을 하라고 하지 않으시는 하나님이십니다.
- 나를 향하신 하나님의 뜻이 무엇입니까? 잘 분별하면서 살아가고 있습니까?

05

히브리서 11장 6절

하나님을 기쁘게 하는 사람들

히브리서 11장 6절에 나타난 하나님과 예수님, 그리고 성령님을 찾아봅니다.

히 11:6 믿음이 없이는 하나님을 기쁘시게 하지 못하나니 하나님께 나아가는 자는 반드시 그가 계신 것과 또한 그가 자기를 찾는 자들에게 상 주시는 이심을 믿어야 할지니라

A. 하나님에 대해서 찾아봅니다

1) 믿음이 있어야 보이는 하나님
2) 믿음을 기뻐하시는 하나님
3) 그분께 나아오기를 원하시는 하나님
4) 반드시 계시는 하나님
5) 우리가 찾아야 할 하나님
6) 상 주시는 하나님
7) 믿어야 할 하나님
8) 모든 것을 주관하고 계시는 하나님

B. 예수님에 대해서 찾아봅니다

1) 하나님이 믿음의 기준(표상)으로 주신 예수님
2) 하나님께 나아가는 길을 열어주신 예수님
3) 길이신 예수님

C. 성령님에 대해서 찾아봅니다

1) 믿음을 갖도록 역사해 주시는 성령님
2) 하나님을 찾도록 해주시는 성령님
3) 믿음으로 하나님을 기쁘게 하도록 도와주시는 성령님
4) 믿음으로 하나님께 나아오라고 감동, 감화를 주시는 성령님
5) 상 주시는 하나님을 바라보도록 도와주시는 성령님

오늘 말씀 히브리서 11장 6절에서 하나님을 기쁘게 하는 믿음이란 어떤 믿음을 말합니까? 믿음이 하나님을 기쁘게 합니다. 하나님께 나아가는 믿음은 하나님이 반드시 계시다는 것을 믿는 믿음, 하나님을 찾는 믿음, 하나님이 상 주심을 믿는 믿음입니다.

우리는 믿음의 크기에 대해 믿음이 '크다, 작다'고 말합니다. 또한 믿음의 분량에 대해 '많다, 적다'로 평가합니다. 믿음의 종류로 다양한 믿음의 형태를 말합니다.

우리는 하나님이 계시다는 것을 알고 믿기에 하나님께 나아가는 것입니다.

어떤 하나님으로 알고, 어떤 하나님을 믿고 나아가고 있습니까?

우리가 알고 믿는 하나님은 어디에 계신가요?

그 하나님을 찾았다는 것을 어떻게 아나요?

하나님은 하나님께 나아오는 자, 하나님을 찾는 자에게 상을 주시는 하나님이십니다. 하나님께 상을 받음으로 하나님을 찾았다는 것을 알게 됩니다.

하나님이 주신 상이란 무엇인가요?

하나님께 받은 상이 있나요? 하나님께 상 받은 사람들은 누구인가요?

이 사람들이 하나님께 받은 상은 무엇인가요?

하나님이 계신 것을 믿습니까?

하나님이 계신 것을 믿는데 하나님을 찾는다는 말은 무슨 말인가요?

어떤 하나님을 찾는다는 말인가요?

상 주시는 하나님을 찾는다는 말인가요?

하나님이 상 주신다는 것을 믿는 믿음이라야 한다는 말인가요?

어떤 상을 말하는 것일까요? 보상해 주신다는 말입니다.

무슨 보상인가요? 무엇으로 보상을 해주신다는 말인가요? 보상을 어디에서 해주신다는 말인가요? 사람들은 어디에서 보상 받기를 원할까요? 세상일까요? 하나님 나라일까요?

하나님이 주신 믿음으로 사는 사람들의 삶은 어느 한 가지 혹은 어느 한 부분만 믿음으로 나타나는 것이 아닙니다. 시작부터 끝까지 '믿음으로' 나타납니다. 이유도, 목적도 '믿음으로'입니다. 전체가 다 '믿음으로'입니다. 믿음으로 보기만 하는 것이 아닙니다. 믿음의 사람 전부가 믿음의 웅덩이에 빠져 머리에서 발끝까지 '믿음으로'입니다.

오늘 말씀에서 나에게 주시는 메시지는 무엇입니까?

히 11:6 믿음이 없이는 하나님을 기쁘시게 하지 못하나니 하나님께 나아가는 자는 반드시 그가 계신 것과 또한 그가 자기를 찾는 자들에게 상 주시는 이심을 믿어야 할지니라

- 하나님이 기뻐하시는 믿음이란 어떤 믿음인가요? 믿음이라고 다 똑같은 믿음이 아닙니다.
- 믿음의 종류가 얼마나 많습니까? 한번 헤아려 보십시오.
- 나는 어떤 믿음을 가지고 있습니까? 적어봅시다.
- 성경에서 최고의 믿음이란 어떤 믿음인가요? 서로 나누어 봅시다.
  하나님을 기쁘게 한 믿음의 사람들에 대해서 적어봅시다.
  누가, 어떤 믿음으로 하나님을 기쁘게 해드렸습니까?
- 진리의 믿음에 대해서 알고 있습니까? 진리의 믿음에 대해 말해 보십시오.

06

마태복음 11장 28-30절

초청하시는 예수님

마태복음 11장 28-30절은 예수님의 초청의 말씀입니다.

마태복음 11장 28-30절에 나타난 하나님과 예수님, 그리고 성령님을 찾아봅니다.

마 11:28 수고하고 무거운 짐 진 자들아 다 내게로 오라 내가 너희를 쉬게 하리라

- 수고하고 무거운 짐 진 자들을 아시는 예수님
- 세상 죄를 지고 가는 하나님의 어린양
- 다 오라고 하시는 예수님
- 차별하지 않으시는 예수님
- 쉬게 해 주시겠다는 예수님
- 초청하시는 예수님
- 약속하시는 예수님

- 수고하고 무거운 짐을 진 사람들
- 예수님께 와야 할 사람들
- 쉬어야 할 사람들

- 예수님의 초청의 말씀을 듣는 사람들

마 11:29 나는 마음이 온유하고 겸손하니 나의 멍에를 메고 내게 배우라 그리하면 너희 마음이 쉼을 얻으리니

- 마음이 온유하고 겸손하신 예수님
- 멍에가 있으신 예수님
- 멍에를 메라고 하시는 예수님
- 배우라고 하시는 예수님
- 사람들의 마음의 쉼을 아시는 예수님
- 쉼을 보장해 주시는 예수님
- 쉼 얻는 방법을 가르쳐 주시는 예수님
- 누구도 줄 수 없는 쉼을 줄 수 있는 예수님

- 예수님의 멍에를 메어야 할 사람
- 예수님에게 가르침을 받아야 할 사람
- 마음에 쉼을 얻어야 할 사람

마 11:30 이는 내 멍에는 쉽고 내 짐은 가벼움이라 하시니라

- 쉬운 멍에가 있으신 예수님
- 가벼운 짐이 있으신 예수님
- 무거운 것을 가볍게 하시는 예수님

예수님의 초청을 받은 대상자들은 수고하고 무거운 짐 진 모든 사람들입니다. 예수님께서는 세상 모든 사람들을 초청하십니다.

예수님이 초청하시는 목적은 쉬게 해 주겠다는 것입니다. 즉 마음에 쉼을 얻게 해 주겠다는 것입니다.

예수님의 초청의 조건은 예수님의 멍에를 메는 것입니다. 예수님에게 배워야 한다는 것입니다.

초청자 예수님은 어떤 분이신가요? 마음이 온유하고 겸손한 분이십니다.

사람들의 멍에와 짐과 예수님의 멍에와 짐은 차이점이 무엇일까요?

사람들의 멍에와 짐은 수고해야 하고 무겁다는 것입니다. 아무리 해도 해결이 안 되는, 어찌할 수 없는 멍에와 짐이라는 것입니다.

예수님의 말씀을 잘 들어보세요. 예수님은 사람들이 가지고 있는 무거운 짐에서 해방되는 방법과 길이 있다고 말씀하십니다. 사람들이 가지고 있는 무거운 짐에서 해방되는 방법과 길은 예수님에게 가야 한다는 것입니다. 감사한 일은, 예수님은 그 누구도 거절하지 않으시고 누구나 다 오라고 초청하고 있다는 점입니다. 예수님의 초청의 소리를 들은 사람들은 누구나 다 가야 하지 않겠습니까?

사람들이 가지고 있는 무거운 짐은 무엇입니까? 여러분도 무거운 짐을 가지고 있습니까? 무거운 짐을 지고 살아가고 있습니까? 여러분은 무거운 짐 때문에 어떠한 삶을 살아왔고, 어떤 삶을 살아가고 계십니까?

여러분은 무거운 짐에서 벗어나려는 생각과 마음을 가져 본 적이 있습니까? 여러분은 무거운 짐에서 해방되려고 어떤 방법들을 사용해 보신 일이 있습니까? 우리는 그 결과를 잘 알고 있습니다. 인간의 방법으로 무거운 짐에서 벗어난 사람은 한 명도 없습니다.

왜일까요? 사람들은 왜 자신이 가지고 있는 무거운 짐에서 벗어나지 못할까요? 사람들이 가지고 있는 무거운 짐이 무엇이길래 모든 사람들은 무거운 짐에서 해방되지 못할까요?

하나님의 형상으로 창조함을 받은 사람이 범죄한 후에 하나님께서 그 사람에게 하신 말씀입니다. 창세기 3장 16절은 범죄한 여자에게 주신 말씀입니다. 여자에게 임신하는 고통을 더해 수고하여 자식을 낳을 것이요, 남편을 사모하는 마음으로 살 것이며, 남편의 다스림 속에서 살 것을 말씀하고 있습니다.

창 3:16 또 여자에게 이르시되 내가 네게 임신하는 고통을 크게 더하리니 네가 수고하고 자식을 낳을 것이며 너는 남편을 원하고 남편은 너를 다스릴 것이니라 하시고

창세기 3장 17-19절의 말씀은 범죄한 아담에게 주신 말씀입니다.

남자는 범죄로 인해 저주를 받고 평생 수고하여야 소산을 먹을 것이요, 땅은 가시덤불과 엉겅퀴를 내고, 밭의 채소가 육신의 양식이라는 것입니다. 얼굴에 땀을 흘려야 먹을 것을 먹고, 결국은 흙에서 왔으니 흙으로 돌아갈 것이라는 말씀입니다.

창 3:17 아담에게 이르시되 네가 네 아내의 말을 듣고 내가 네게 먹지 말라 한 나무의 열매를 먹었은즉 땅은 너로 말미암아 저주를 받고 너는 네 평생에 수고하여야 그 소산을 먹으리라

창 3:18 땅이 네게 가시덤불과 엉겅퀴를 낼 것이라 네가 먹을 것은 밭의 채

소인즉

창 3:19 네가 흙으로 돌아갈 때까지 얼굴에 땀을 흘려야 먹을 것을 먹으리니 네가 그것에서 취함을 입었음이라 너는 흙이니 흙으로 돌아갈 것이니라 하시니라

범죄한 사람의 삶은 죽을 때까지 무거운 짐에서 벗어나지 못한다는 말씀입니다. 흙에서 왔으니 다시 흙으로 돌아간다는 말씀입니다.

사람들이 가지고 있는 무거운 짐은 이러한 육신의 짐만 있는 것이 아니고 영적인 짐도 있습니다. 사람은 하나님의 형상으로 지으심을 받았고, 하나님과 함께 교통하며 살아가도록 지으심을 받았습니다. 그러나 범죄함으로 하나님과의 교통이 단절되었습니다. 사람들은 육신의 짐과 영적인 짐에서 벗어날 길이 없습니다.

예수님의 말씀을 듣는 사람들에게 또 하나의 짐이 있습니다. 예수님 시대에 하나님의 백성이라고 하는 이스라엘 백성들이 가지고 있는 율법이 유대인들에게 무거운 짐이 되어버렸습니다. 성경은 율법의 행위로는 의롭다 함을 얻을 사람이 아무도 없다고 말씀하고 있습니다

그런데 예수님께서 사람이 가지고 있는 이 모든 무거운 짐에서 벗어나게 해 주시겠다고 우리를 초청하십니다. 정말 놀라운 소식, 기쁜 소식, 감사의 소식입니다.

예수님의 초청의 말씀은 사람이 가지고 있는 육신의 무거운 짐과 영적인 무거운 짐, 그리고 율법에서 사람을 해방시키신다는 것입니다. 예수님은 이 일을 하시기 위해서 이 세상에 오셨습니다.

예수님께서는 이 세상에 오신 이유와 목적에 대해 이렇게 말씀하고 계십니다. 아래의 성경 구절을 묵상해 보시기 바랍니다.

마 20:28 인자가 온 것은 섬김을 받으려 함이 아니라 도리어 섬기려 하고 자기 목숨을 많은 사람의 대속물로 주려 함이니라

요 1:29 이튿날 요한이 예수께서 자기에게 나아오심을 보고 이르되 보라 세상 죄를 지고 가는 하나님의 어린양이로다

요 3:17 하나님이 그 아들을 세상에 보내신 것은 세상을 심판하려 하심이 아니요 그로 말미암아 세상이 구원을 받게 하려 하심이라

요 6:35 예수께서 이르시되 나는 생명의 떡이니 내게 오는 자는 결코 주리지 아니할 터이요 나를 믿는 자는 영원히 목마르지 아니하리라

요 6:38 내가 하늘에서 내려온 것은 내 뜻을 행하려 함이 아니요 나를 보내신 이의 뜻을 행하려 함이니라

요 14:6 예수께서 이르시되 내가 곧 길이요 진리요 생명이니 나로 말미암지 않고는 아버지께로 올 자가 없느니라

성경 곳곳에서 예수님이 왜 세상에 오셨는가에 대해 말씀하고 있습니다. 그중에 놓치지 말아야 할 말씀을 소개하려고 합니다.

성경 창세기 3장 15절 말씀을 하나님이 사람에게 주신 원시복음 혹은 최초의 복음이라고 합니다. 하나님께서 범죄한 사람을 위해서 하나님의 독생자 예수 그리스도, 인간을 구원할 메시아를 보내주실

것에 대해 언약하신 것입니다.

여자의 후손을 통해서 이 세상에 오신 예수 그리스도가 사람의 모든 무거운 짐을 해결하시는 분으로 하나님이 언약하신 것입니다. 그 언약을 성취하시기 위해 예수 그리스도를 이 세상에 보내셨고, 예수 그리스도는 하나님 아버지의 뜻을 이루시기 위해 이 세상에 오셔서 하나님 아버지의 언약을 성취하심으로, 누구든지 예수 그리스도를 믿음으로 구원함을 얻는 복을 주셨습니다.

> 창 3:15 나는 너를 여자와 원수가 되게 하리라. 네 후손을 여자의 후손과 원수가 되게 하리라. 너는 그 발꿈치를 물려고 하다가 도리어 여자의 후손에게 머리를 밟히리라(공동번역)

'여자의 후손'이라는 말을 얼마나 알았을까요? 얼마나 깨달았을까요?

이사야 선지자를 통해서 처녀가 잉태하여 아들을 낳는다는 말씀을 듣습니다. 처녀가 어떻게 잉태한단 말일까요? 이 말씀에 대해 얼마나 알고, 얼마나 깨닫고, 무엇을 믿었을까요? 이는 처음 있는 일입니다. 듣지도 보지도 못한 일입니다. 의학적으로, 과학적으로, 세상적으로, 그 무엇으로도 이해가 안 되는 말이기 때문입니다.

요셉과 마리아도 천사의 말을 듣고 하나님의 방법을 듣습니다. 성령으로 잉태된다는 것에 대해서 이해가 됩니까? 성령으로 잉태된다는 것을 누가 어떻게 설명하겠습니까? 설명할 수 없는 일입니다. 이 일은 믿음의 일입니다. 얼마나 믿기 힘들겠습니까? 하나님이 누구신지 잘 알고 또 알고, 깨닫고 또 깨닫고, 믿고 또 믿어야 하는 일 아닙니까?

사람들은 "들어서 안다"라고 말합니다. "들어서 알 뿐 아니라 믿는다"라는 말을 하기도 합니다. 요셉과 마리아의 믿음이 놀라운 믿음입니다. 그들은 하나님의 말씀대로 이루어질 것을 알고 믿는 믿음을 가진 사람들입니다. 특히 마리아는 "주의 계집종이오니 말씀대로 내게 이루어지이다" 하면서 하나님 앞에 순종의 고백을 합니다.

다음의 성경 말씀에서 예수님은 우리에게 무엇을 증거해 주고 있는지 살펴보시기 바랍니다.

요 6:38 내가 하늘에서 내려온 것은 내 뜻을 행하려 함이 아니요 나를 보내신 이의 뜻을 행하려 함이니라

요 6:39 나를 보내신 이의 뜻은 내게 주신 자 중에 내가 하나도 잃어버리지 아니하고

히 10:9 그 후에 말씀하시기를 보시옵소서 내가 하나님의 뜻을 행하러 왔나이다 하셨으니 그 첫째 것을 폐하심은 둘째 것을 세우려 하심이라

히 10:10 이 뜻을 따라 예수 그리스도의 몸을 단번에 드리심으로 말미암아 우리가 거룩함을 얻었노라

하나님께서는 예수 그리스도를 통해서 하나님의 형상으로 지음 받은 사람의 모든 문제를 해결해 주셨습니다. 하나님은 누구든지 예수 그리스도를 믿음으로 영생, 즉 하나님의 생명을 주셨습니다. 하나님의 생명을 가진 사람은 하나님 나라에서 영원히 살아가게 됩니다.

오늘 말씀에서 나에게 주시는 메시지는 무엇입니까?

마 11:28 수고하고 무거운 짐 진 자들아 다 내게로 오라 내가 너희를 쉬게 하리라

마 11:29 나는 마음이 온유하고 겸손하니 나의 멍에를 메고 내게 배우라 그리하면 너희 마음이 쉼을 얻으리니

마 11:30 이는 내 멍에는 쉽고 내 짐은 가벼움이라 하시니라

- 나의 수고하고 무거운 짐은 무엇입니까? 이 짐을 가지고 어떻게 살아가고 있습니까?
- 내가 알고 있는 예수님에 대해서 적어봅시다.
- 내가 알고 있는 예수님 중에 내가 믿고 있는 예수님은 어떤 예수님입니까?
- 예수님의 초청의 말씀에 나는 어떤 반응을 보이며 살아가고 있습니까?
- 예수님을 통해서 그 짐의 문제를 해결하지 못하고 아직도 짐을 가지고 있지 않습니까? 왜 해결하지 못하였다고 생각합니까? 그렇다면 해결점을 찾아봅시다.

07

이사야 55장 1-3절

하나님의 초청

오늘의 말씀 이사야 55장 1-3절에서 하나님, 예수님, 성령님, 그리고 사람을 찾아봅니다.

사 55:1 오호라 너희 모든 목마른 자들아 물로 나아오라 돈 없는 자도 오라 너희는 와서 사먹되 돈 없이, 값 없이 와서 포도주와 젖을 사라

사 55:2 너희가 어찌하여 양식이 아닌 것을 위하여 은을 달아 주며 배부르게 하지 못할 것을 위하여 수고하느냐 내게 듣고 들을지어다 그리하면 너희가 좋은 것을 먹을 것이며 너희 자신들이 기름진 것으로 즐거움을 얻으리라

사 55:3 너희는 귀를 기울이고 내게로 나아와 들으라 그리하면 너희의 영혼이 살리라 내가 너희를 위하여 영원한 언약을 맺으리니 곧 다윗에게 허락한 확실한 은혜이니라

신약성경 마태복음 11장 28-30절에서 예수님이 사람들을 초청하시는 모습을 보게 됩니다. 구약성경 이사야 55장 1-3절에서 하나님이 사람들을 초청하시는 모습을 보게 됩니다.

하나님께서 사람들을 초청하시는 이유와 목적이 무엇입니까? 하

나님께서 초청하시는 대상자들은 어떤 사람들입니까? 하나님께서 초청하는 사람들에게 무엇을 주고자 하는 것입니까? 하나님께서 주시는 것은 사람들에게 어떠한 결과를 가져옵니까? 하나님께서 초청하시는 소리를 들은 사람들은 어떤 반응을 보여야 합니까?

사 55:1 오호라 너희 모든 목마른 자들아 물로 나아오라 돈 없는 자도 오라 너희는 와서 사먹되 돈 없이, 값 없이 와서 포도주와 젖을 사라

- 초청하시는 하나님
- 목마른 자들에게 물로 나아오라고 하시는 하나님
- 돈 없는 자도 오라고 하시는 하나님
- 와서 사 먹으라고 하시는 하나님
- 돈 없이, 값 없이 포도주와 젖을 사라고 하시는 하나님

- 초청 받는 사람
- 목마른 사람들
- 물로 나와야 할 사람
- 돈 없는 사람
- 포도주와 젖이 필요한 사람

오늘 말씀에서 사람들이 필요로 하는 것이 무엇인가를 살펴봅시다. 물이 필요합니다. 돈이 필요합니다. 포도주와 젖이 필요합니다. 이것들은 세상을 살아가는 사람들에게 필요한 육신적인 것입니다. 세상을 살아가는 사람들에게 절대적으로 필요한 것들입니다.

사람에게 절대적으로 필요한 물과 양식은 돈을 주어야 사서 먹고 살아갈 수 있습니다. 사람에게 절대적으로 필요한 물과 양식은 돈

을 주어야 살 수 있는데 돈 없는 자도 와서 사 먹으라는 것입니다. 돈 없이, 값 없이 와서 포도주와 젖을 사라는 것입니다.

이는 말이 안 되는 이야기입니다. 여기에 좀 이상한 점이 있습니다. 하나님께서 돈 없이, 값 없이 물과 포도주와 젖을 사람에게 필요한 양식으로 주신다는 것입니까? 하나님께서 주신다는 물과 양식은 이 세상을 살아가는 사람들의 육신의 양식입니까? 자세히 생각해 봅시다. 하나님이 주시겠다는 것은 사람의 육신의 양식이 아닌 것 같습니다. 사람에게 필요한 영적인 양식인 것 같습니다.

물론 하나님께서는 이 세상을 살아가는 사람들에게 육신에 필요한 것들을 주십니다. 하나님께서 열매 맺게 해 주시지 않으면 사람들은 이 세상을 살아갈 수 없습니다. 하나님께서 주시는 자연의 법칙, 즉 창조의 축복을 통해서 사람들에게 육의 양식을 주십니다.

오늘 말씀에서 하나님이 사람을 초청하시는 이유와 목적이 무엇인가를 알아야 하겠습니다.

사람들을 향한 하나님의 마음은 육신적인 필요보다 영적인 필요에 있음을 알게 됩니다. 그러나 사람들의 갈망은 영적인 것보다 육신적인 것으로 가득 차 있습니다. 누가복음 12장 16-21절을 살펴보면 사람의 어리석음이 나타나 있습니다. 누가복음 12장 16-21절 말씀을 자세히 읽어 보시기 바랍니다.

눅 12:16 또 비유로 그들에게 말하여 이르시되 한 부자가 그 밭에 소출이 풍성하매

눅 12:17 심중에 생각하여 이르되 내가 곡식 쌓아 둘 곳이 없으니 어찌할까 하고

눅 12:18 또 이르되 내가 이렇게 하리라 내 곳간을 헐고 더 크게 짓고 내 모든 곡식과 물건을 거기 쌓아 두리라

눅 12:19 또 내가 내 영혼에게 이르되 영혼아 여러 해 쓸 물건을 많이 쌓아 두었으니 평안히 쉬고 먹고 마시고 즐거워하자 하리라 하되

눅 12:20 하나님은 이르시되 어리석은 자여 오늘 밤에 네 영혼을 도로 찾으리니 그러면 네 준비한 것이 누구의 것이 되겠느냐 하셨으니

눅 12:21 자기를 위하여 재물을 쌓아 두고 하나님께 대하여 부요하지 못한 자가 이와 같으니라

육신의 부요함만 알고 살아가는 사람은 영혼도 육신의 양식을 먹고 사는 줄로 알고 있습니다.

많은 경우 이 세상을 살아가는 데 육신의 양식과 영혼의 양식이 필요하다는 것을 알고 살아가는 사람들이 얼마나 될까요? 예수님을 믿는 사람들은 잘 알고 살아가고 있을까요?

성경은 노아의 시대와 롯의 시대에 대해서 말씀하고 있습니다.

먼저, 누가복음 17장 26-27절에서 노아의 시대에 대해서 성경이 뭐라고 말씀하고 있습니까?

눅 17:26 노아의 때에 된 것과 같이 인자의 때에도 그러하리라

눅 17:27 노아가 방주에 들어가던 날까지 사람들이 먹고 마시고 장가들고 시집가더니 홍수가 나서 그들을 다 멸망시켰으며

멸망 받는 것을 모르니 멸망 받기 직전까지 사람들은 먹고 마시고 장가들고 시집갑니다. 하지만 멸망 받는 것을 안 사람 노아의 가족은 세상에서 하던 모든 일을 멈추고 방주 안으로 들어갑니다. 멸망을 받는 사람들은 하던 일을 계속하다가 멸망을 받습니다. 이를 모르는 자와 아는 자의 차이점이 무엇입니까? 한번 깊이 생각해 보세요.

누가복음 17장 28-29절에서 롯의 시대에 대해 성경은 뭐라고 말씀하고 있습니까?

눅 17:28 또 롯의 때와 같으리니 사람들이 먹고 마시고 사고 팔고 심고 집을 짓더니

눅 17:29 롯이 소돔에서 나가던 날에 하늘로부터 불과 유황이 비 오듯 하여 그들을 멸망시켰느니라

롯의 때에도 노아의 때와 동일합니다. 롯의 때의 사람들도 먹고 마시고 사고 팔고 심고 집을 지었습니다. 멸망 받을 것을 모르니 멸망 받기 직전까지 하던 일을 계속하겠지요. 세상에서 하던 일을 계속하다가 멸망을 받는 것입니다. 한번 생각해 보세요. 한번 머릿속으로 그림을 그려 보세요. 얼마나 끔찍한 모습입니까?

모든 사람들이 평소와 같이 하던 일을 즐겁고 기쁘게, 평화롭게 하다가 이러한 일을 당하는 것이라고 성경은 말씀해 주고 있는 것입니다. 인자가 나타나는 날에도 이와 같으리라는 것입니다.

많은 그리스도인들이 예수님의 재림에 대해서 알고 있습니다. 여

러분은 예수님의 재림에 대한 준비를 어떻게 하고 있나요? 예수님이 재림하신다는 것을 알고 있으면서 예수님의 재림에 대해 아무런 준비도 하지 않으며 살고 있다면, 우리는 노아의 때에 살던 사람들과 롯의 때에 살던 사람들과 동일한 사람들입니다.

육신의 것, 세상의 것에만 관심을 가지고 살아가는 사람들에게 하나님은 초청의 말씀을 선포하고 계십니다. 하나님의 초청의 말씀을 들은 사람들은 하나님께서 주시겠다고 하는 것이 육신의 것이 아닌 것을 알 때 어떠한 반응을 보일까요? 여러분은 어떻게 하시겠습니까?

지금 우리에게 필요한 것은 영적인 것입니까, 세상적인 것입니까? 사람들이 요구하는 것은 영적인 것보다 세상적인 육신의 것이 아닙니까?

하나님의 음성에 귀를 기울여 봅시다. 나를 향해서 뭐라고 말씀하고 계시나요? 하나님의 음성을 들어야 노아의 때의 사람들처럼, 롯의 때의 사람들처럼 살지 않을 수 있습니다. 그렇지 않으면 때는 늦습니다. 때는 눈 깜짝할 사이입니다.

여러분, 하루에 한 절이라도 꼼꼼히 QT를 통해서 하나님의 음성을 들으며 살아가시기를 바랍니다.

사 55:2 너희가 어찌하여 양식이 아닌 것을 위하여 은을 달아 주며 배부르게 하지 못할 것을 위하여 수고하느냐 내게 듣고 들을지어다 그리하면 너희가 좋은 것을 먹을 것이며 너희 자신들이 기름진 것으로 즐거움을 얻으리라

- 어찌 그렇게 하느냐고 하시는 하나님
- 양식 아닌 것을 위하여 은을 달아 주느냐고 하시는 하나님
- 배부르게 하지 못할 것을 위하여 수고하느냐고 하시는 하나님

- 듣고 들으라고 하시는 하나님
- 좋은 것을 먹게 하시는 하나님
- 기름진 것으로 즐거움을 주시는 하나님

- 양식 아닌 것을 위해 은을 달아 주는 사람
- 배부르게 하지 못할 것을 위해 수고하는 사람
- 듣고 들어야 할 사람
- 좋은 것을 먹어야 할 사람
- 기름진 것으로 즐거움을 얻을 사람

하나님의 음성을 들어보시기 바랍니다. 하나님께서 사람들을 향하여 하시는 한탄의 소리를 들어보시기 바랍니다. 어찌하여 양식 아닌 것을 위하여 은을 달아 주느냐는 것입니다. 어찌하여 배부르게 하지 못할 것을 위하여 수고하느냐는 것입니다. 헛된 삶을 살아가고 있는 사람의 모습을 보고 탄식하고 계시는 것입니다.

여러분은 이런 사람의 모습을 보고 무슨 생각과 마음이 드십니까? 이런 사람에게 말할 기회가 주어진다면 뭐라고 말하고 싶으십니까? 이러한 헛된 삶을 살지 않기 위해서 어떻게 해야 하겠습니까? 하나님께서 헛된 삶을 살지 않는 방법을 가르쳐 주고 계십니다. 하나님의 말씀을 듣고 또 들으라는 것입니다. 이는 하나님의 음성에 귀를 기울이라는 것입니다.

사람들이 흔히 하는 말중에 이러한 말을 합니다. "누구는 하나님의 음성을 듣고 싶지 않아서 듣지 않는 것인가? 들리지 않으니 못 듣는 것"이라고 합니다. 성경에서 하나님과 예수님은 우리에게 뭐라고 말씀하고 계십니까? 하나님께서 예수의 이름으로 보혜사 진리의 성령을 통해서 보고 듣고 깨달아 알게 해 주신다고 약속하셨습니다. 하나님의 약속의 말씀을 믿으셔야 합니다. 하나님은 믿는 자에게 약속을 반드시 이루어 주십니다.

하나님의 말씀을 듣고 또 들으면 너희가 좋은 것을 먹을 것이라는 것입니다. 하나님의 말씀을 듣고 또 들으면 너희가 기름진 것으로 즐거움을 얻을 것이라는 것입니다.

"너희가 어찌하여 양식이 아닌 것을 위하여 은을 달아 주며 배부르게 하지 못할 것을 위하여 수고하며 살아가느냐"라고 반문하고 계십니다. 사람들은 육신의 것에 너무나 빠져 살아간다는 것입니다. 속된 말로 사람들은 육신의 것에 미쳐서 살아가고 있다는 것입니다.

우리는 앞서 노아 시대의 사람들과 롯 시대의 사람들에 대해서 살펴보았습니다. 노아 시대의 사람들과 롯 시대의 사람들에게서 보인 공통점이 무엇입니까? 육신의 것, 세상의 것에 미쳐서 살아가는 사람들의 모습을 보게 되는 것입니다. 멸망하는 줄 모르고 육신의 것에 취해서 살아가는 사람들의 모습입니다. 육신만 있고 영혼은 없는 사람처럼 살아가는 사람들의 모습입니다.

우리가 사는 세상 사람들의 모습은 어떠합니까? 내 삶은 어떤 모습입니까? 노아 시대의 사람들과 우리가 사는 세상 사람들과 나의 삶을 비교해 보시기 바랍니다. 롯 시대의 사람들과 우리가 사는 세상의 사람들과 나의 삶을 비교해 보시기 바랍니다.

하나님이 반복해서 강조하시는 말씀은 "너희는 귀를 기울이고 하나님께 나아와 들으라"는 것입니다. 그리하면 너희 영혼이 살 것이라고 말씀하십니다. 사람들이 제일 중요한 것을 잃어버리고 사는데 그 중에 하나가 영혼에 대해서입니다. 하나님께서 사람을 창조하실 때

육신과 영혼으로 창조하셨습니다(창 2:7). 창세기 2장 7절 말씀을 보시기 바랍니다

창 2:7 여호와 하나님이 땅의 흙으로 사람을 지으시고 생기를 그 코에 불어넣으시니 사람이 생령이 되니라

하나님이 창조하신 흙으로 육신을 만드셨습니다. 흙으로 된 육신에 생기를 불어넣으시니 사람이 생령이 되었다는 것입니다. 흙으로 만들어진 육신이 흙의 상태로 있을 때 생기를 불어넣으시니 생령이 되었다는 말은, 살아 움직이는 사람이 되었다는 말입니다. 생령이란 살아 있는 영이 되었다는 것입니다. 다시 말해 사람이 생명이 되는 것은 육신(흙)이 아니라 영이라는 말입니다.

영혼이 떠나간 육신(사람)을 보고 사람들은 죽은 사람이라고 말합니다. 이는 사람의 구성이 육신과 영혼으로 되어 있다는 말입니다. 사람에게 내 육신과 영혼, 이 둘이 하나가 되어 온전한 사람의 인격체를 가지게 됩니다. 그러므로 사람들은 육신과 영혼, 이 둘을 잘 관리해야 합니다.

하나님께서 사람(육신)에게 필요한 양식을 주셨습니다. 육신은 육의 양식을 먹어야 살아갈 수 있습니다.

창 1:29 하나님이 이르시되 내가 온 지면의 씨 맺는 모든 채소와 씨 가진 열매 맺는 모든 나무를 너희에게 주노니 너희의 먹을거리가 되리라

창 2:16 여호와 하나님이 그 사람에게 명하여 이르시되 동산 각종 나무의 열매는 네가 임의로 먹되

창 9:3 모든 산 동물은 너희의 먹을 것이 될지라 채소같이 내가 이것을 다 너희에게 주노라

각종 채소와 나무의 열매와 살아 있는 동물들은 하나님이 사람에게 주신 육의 양식입니다

또한 하나님께서는 사람(영혼)에게 필요한 영의 양식을 주셨습니다. 영혼은 영의 양식을 먹어야 살아갈 수 있습니다

마 4:4 예수께서 대답하여 이르시되 기록되었으되 사람이 떡으로만 살 것이 아니요 하나님의 입으로부터 나오는 모든 말씀으로 살 것이라 하였느니라 하시니

말씀은 하나님이 사람에게 주신 영의 양식입니다.

대부분의 사람들은 육신의 양식을 먹지 못하면 배고픔을 느낍니다. 그래서 육에 필요한 양식을 찾아 육신의 필요를 채워줍니다. 그런데 영혼의 양식은 먹지 못해도 배고픔을 느끼지 못하고 알지 못한다는 점입니다. 사람들은 육신의 것에는 민감한데 영혼에 대해서는 무디다는 것입니다.

오늘 말씀에서 하나님은 사람들에게 무엇을 말씀하고 계십니까? 사람들이 육신의 양식에 대해서는 물불을 가리지 않고 살아간다는 것입니다. 육신의 것에 지나치게 치우쳐 살다 보니 헛된 것임에도 불구하고 모르고 살아간다는 것입니다.

세상 사람들이 하는 말에 대해서 생각해 봅시다. 여러분, 세상 사람들이 하는 말에 귀 기울여 들어보셨습니까? 아마 들었어도 관심

이 없으면 기억하지 못하고 알지 못하겠지요. 세상 사람들의 대화 중에 "왜 영혼 없는 대답을 하느냐?"라고 말합니다. 또 '영끌'이라는 표현을 합니다. 이는 영혼까지 다 끌어서 했다는 말입니다. 하나님을 믿지 않는 세상 사람들이 영혼이라는 단어를 사용한다는 점이 놀랍지 않습니까?

하나님을 믿는 사람들은 영혼에 대한 지식을 얼마나 가지고 살아가고 있습니까? 여러분은 영혼에 대한 지식을 어느 정도 가지고 있습니까? 여러분 스스로 영혼에 대한 것들을 개인 성경 노트에 적어 보시기 바랍니다.

> 사 55:3 너희는 귀를 기울이고 내게로 나아와 들으라 그리하면 너희의 영혼이 살리라 내가 너희를 위하여 영원한 언약을 맺으리니 곧 다윗에게 허락한 확실한 은혜이니라

- 귀를 기울이라고 하시는 하나님
- 나아와 들으라고 하시는 하나님
- 영혼을 살게 하시는 하나님
- 나를 위하시는 하나님
- 영원한 언약을 맺으시는 하나님
- 다윗에게 은혜를 허락하신 하나님
- 확실한 은혜의 하나님

- 귀를 기울여야 할 사람
- 나아와 들어야 할 사람
- 영혼이 살아야 할 사람
- 영원한 언약을 맺어야 할 사람

● 허락을 받은 사람
● 확실한 은혜를 받아야 할 사람

2절의 말씀을 반복해서 말씀하고 있습니다.

"하나님의 말씀을 듣고 또 듣기 위해서 너희는 귀를 기울이고 하나님께 나아와 들으라"는 것입니다. 왜 하나님의 말씀을 듣고 또 들어야 합니까?

> 마 4:4 예수께서 대답하여 이르시되 기록되었으되 사람이 떡으로만 살 것이 아니요 하나님의 입으로부터 나오는 모든 말씀으로 살 것이라 하였느니라 하시니

하나님께서 사람에게 주신 영혼의 양식입니다. 사람에게 육신의 떡도 필요하지만 하나님의 입에서 나오는 모든 말씀도 필요하기 때문입니다. 앞에서 우리는 사람의 육신(흙)과 영혼(생기, 생령)에 대해서 생각해 보았습니다. 영혼이 얼마나 중요한가를 여러분은 얼마나 느끼고 깨닫고 아셨습니까? 하나님의 말씀만으로 내 영혼이 살 수 있기 때문입니다. 내 영혼이 살 수 있는 다른 방법은 없기 때문입니다.

3절의 말씀 마지막에 아주 중요한 말씀을 하고 있습니다. 하나님께서 너희를 위하여 영원한 언약을 맺어주시겠다는 것입니다. 이 영원한 언약은 다윗에게 허락한 확실한 은혜라는 것입니다. 우리는 성경에서 숨어 있는 수많은 보화들을 하나하나 발견하고, 발견한 보화를 통해 하나님이 하시는 놀라운 일들을 보고 듣고 깨달아 알게 됩니다.

성경에 숨어 있는 보화 중에 하나가 '언약'이라는 보화입니다. 여러

분은 '언약'이라는 보화를 알고 계시는지요? 어느 정도 알고 계시는지요? 여러분이 언약이라는 보화를 아신다면 참으로 다행입니다. 혹 언약이라는 보화를 모르는 분들도 이제부터 아시면 되는 것입니다.

여기서는 언약에 대해서 간략하게 말씀드리겠습니다. 성경책은 하나님의 언약의 책입니다. 언약의 책이란 말은 하나님이 말씀하시고, 하나님이 말씀하신 것을 이루신다는 말입니다.

언약이라는 단어와 약속이라는 단어를 우리는 압니다. 언약은 하나님께서 세상을 향해 특히 사람들에게 일방적으로 하신 것입니다. 그런데 약속은 쌍방 간에 서로서로 하는 것입니다.

하나님께서 하신 첫 언약은 창세기 3장 15절에 나타납니다.

창 3:15 나는 너를 여자와 원수가 되게 하리라 네 후손을 여자의 후손과 원수가 되게 하리라 너는 그 발꿈치를 물려고 하다가 도리어 여자의 후손에게 머리를 밟히리라(공동번역)

이는 범죄한 사람을 구원하시겠다는 하나님의 일방적인 언약입니다. 그래서 우리는 이 언약을 원시언약 혹은 최초의 언약 혹은 원시복음, 최초의 복음이라고 합니다. 하나님은 이 언약을 성취하시기 위해서 한 사람을 부르시고 선택하십니다. 그 사람이 바로 아브라함이라는 사람입니다.

하나님이 하신 최초의 언약을 실행하시기 위해서 아브라함을 선택하신 것입니다. 하나님은 아브라함에게 할례 언약을 통해서 하나님의 언약을 성취해 가십니다. 또한 이삭에게 영원한 언약을 통해서 하나님의 언약을 성취해 가십니다. 그리고 야곱에게 두 번째 언약을 통해서 하나님의 언약을 성취해 가십니다.

하나님은 이스라엘 백성과 맺은 첫 번째 언약과 두 번째 언약을 통해 하나님의 언약을 성취해 가십니다. 하나님은 이스라엘 백성과 맺은 두 번째 언약을 완성하시기 위해 새 언약을 통해서 하나님의 언약을 성취하셨습니다. 언약이라는 보화의 핵심은 예수 그리스도이십니다. 하나님께서 예수 그리스도를 통해 하나님의 언약을 완성하셨기 때문입니다.

예수 그리스도는 하나님께서 언약하신 일을 성취하시기 위해 하늘 영광을 버리고 이 세상에 동정녀의 몸에서 태어나셨습니다. 예수 그리스도는 하나님께서 언약하신 일을 성취하시기 위해 십자가에 못 박혀 죽으시고 부활하셨습니다. 예수 그리스도는 하나님께서 언약하신 일을 성취하시기 위해 승천하셨고, 다시 재림하실 것입니다.

우리는 언약이라는 보화를 성경 안에서 많이 발견하여 그 언약의 보화를 나의 것으로 만들어야 합니다. 이 말은 하나님께서 언약하신 것을 알고 깨닫고 믿으라는 말입니다. 하나님의 언약이 나에게 이루어질 것을 믿고 살아야 합니다. 하나님은 언약하신 말씀을 나에게도 이루어 주시기 때문입니다.

사 55:3 내가 너희를 위하여 영원한 언약을 맺으리니 곧 다윗에게 허락한 확실한 은혜이니라

아래 성경 말씀을 자세히 보시기 바랍니다. 하나님께 나아와 귀 기울여 듣는 자에게 주시는 축복의 말씀입니다.

사 55:8 이는 내 생각이 너희의 생각과 다르며 내 길은 너희의 길과 다름이니라 여호와의 말씀이니라

사 55:9 이는 하늘이 땅보다 높음같이 내 길은 너희의 길보다 높으며 내

생각은 너희의 생각보다 높으니라

사 55:10 이는 비와 눈이 하늘로부터 내려서 그리로 되돌아가지 아니하고 땅을 적셔서 소출이 나게 하며 싹이 나게 하여 파종하는 자에게는 종자를 주며 먹는 자에게는 양식을 줌과 같이

사 55:11 내 입에서 나가는 말도 이와 같이 헛되이 내게로 되돌아오지 아니하고 나의 기뻐하는 뜻을 이루며 내가 보낸 일에 형통함이니라

사 55:12 너희는 기쁨으로 나아가며 평안히 인도함을 받을 것이요 산들과 언덕들이 너희 앞에서 노래를 발하고 들의 모든 나무가 손뼉을 칠 것이며

사 55:13 잣나무는 가시나무를 대신하여 나며 화석류는 찔레를 대신하여 날 것이라 이것이 여호와의 기념이 되며 영영한 표징이 되어 끊어지지 아니하리라

오늘 말씀에서 나에게 주시는 메시지는 무엇입니까?

사 55:1 오호라 너희 모든 목마른 자들아 물로 나아오라 돈 없는 자도 오라 너희는 와서 사 먹되 돈 없이, 값 없이 와서 포도주와 젖을 사라

사 55:2 너희가 어찌하여 양식이 아닌 것을 위하여 은을 달아 주며 배부르게 하지 못할 것을 위하여 수고하느냐 내게 듣고 들을지어다 그리하면 너희가 좋은 것을 먹을 것이며 너희 자신들이 기름진 것으로 즐거움을 얻으리라

사 55:3 너희는 귀를 기울이고 내게로 나아와 들으라 그리하면 너희의 영

혼이 살리라 내가 너희를 위하여 영원한 언약을 맺으리니 곧 다윗에게 허락한 확실한 은혜이니라

- 나를 부르시는 하나님의 음성을 들으며 살아가고 있습니까?
- 나는 하나님의 것을 산 일이 있습니까? 무엇을 사보았습니까?
- 내가 지금까지 살아오면서 헛되지 않다고 생각되는 일은 무엇입니까?
- 나는 영혼에 대해서 무엇을 어떻게 하면서 살아가고 있습니까?
  사람들은 육신을 위해서 이것저것 하면서 살아가고 있습니다
  사람들이 영혼을 위해서 무엇을 하면서 살아가는지 조심스럽게 살펴보십시오
- 하나님이 맺으신 영원한 언약에 대해서 아는 대로 말해보십시오
- 성경에 나타난 언약에 대해서 자세히 살펴볼 필요성이 있습니다
- 하나님께서 다윗에게 허락한 확실한 은혜란 무엇입니까?

08

마태복음 28장 18-20절

예수님의 명령을 받은 사람들

마태복음 28장 18-20절에서 하나님, 예수님, 성령님, 그리고 사람을 찾아봅니다.

마 28:18 예수께서 나아와 말씀하여 이르시되 하늘과 땅의 모든 권세를 내게 주셨으니

- 나아오시는 예수님
- 말씀하시는 예수님
- 하늘과 땅의 모든 권세를 받으신 예수님
- 하늘과 땅의 모든 권세의 주권자이신 하나님
- 하늘과 땅의 모든 권세를 주신 하나님
- 예수님의 말씀을 듣는 사람 - 하늘과 땅의 모든 권세 아래 살아가는 사람들

제자들은 예수님이 지시하신 산에서 부활하신 예수님을 또 만나게 됩니다. 예수님은 제자들에게 "하나님께서 나에게 하늘과 땅의 모든 권세를 주셨다"라고 말씀하십니다. 하늘과 땅의 모든 권세란 무엇을 의미할까요? 제자들이 그 말씀을 얼마나 이해했을까요? 여러분은 하늘과 땅의 모든 권세에 대해서 어느 정도 알고 계십니까?

하나님은 전지전능하신 분이라는 것을 우리는 알고 있습니다. 믿기도 하십니까? 전지전능하신 하나님을 믿는다면 하나님께서 예수님에게 하늘과 땅의 모든 권세를 주신 것을 믿어야 합니다. 하나님에게 모든 권세를 받으신 예수님도 전지전능하신 분입니다. 예수님도 전지전능하신 분임을 알아야 하고 믿어야 합니다.

마 28:19 그러므로 너희는 가서 모든 민족을 제자로 삼아 아버지와 아들과 성령의 이름으로 세례를 베풀고

- 제자가 있으신 예수님
- 제자들에게 가라고 하시는 예수님
- 모든 민족을 제자 삼으라고 하시는 예수님
- 이름이 있으신 아버지와 아들과 성령님
- 세례를 베풀라고 하시는 예수님
- 제자인 사람 - 가야 할 사람 - 모든 민족의 사람들 - 제자가 되어야 할 사람 세례를 베푸는 사람 - 세례를 받아야 할 사람

예수님은 "아버지께서 나를 세상에 보내신 것처럼 나도 제자들을 세상에 보냅니다. 아버지가 나를 세상에 보내실 때 아버지의 이름인 예수의 이름을 주어서 보내신 것처럼, 나도 제자들을 세상에 보낼 때 아버지의 이름인 예수의 이름을 주어서 보냅니다"라고 하셨습니다. 그리고 모든 민족에게 나아가라는 예수님의 명령이 제자들에게 주어집니다. 땅의 모든 민족에게 복음이 전파되어야 할 것을 말씀하시는 것입니다.

하나님은 이 복음이 땅의 모든 민족에게 전파될 것을 창세기 12장 3절에서 말씀하셨습니다.

> **창 12:3** 너를 축복하는 자에게는 내가 복을 내리고 너를 저주하는 자에게는 내가 저주하리니 땅의 모든 족속이 너로 말미암아 복을 얻을 것이라 하신지라

갈라디아서 3장 8절에서 이렇게 증거하고 있습니다.

> **갈 3:8** 또 하나님이 이방을 믿음으로 말미암아 의로 정하실 것을 성경이 미리 알고 먼저 아브라함에게 복음을 전하되 모든 이방인이 너로 말미암아 복을 받으리라

예수님은 제자들에게 아버지와 아들과 성령의 이름으로 세례를 주라고 했습니다. 여러분은 물세례를 받으셨지요? 물세례를 받을 때 아버지와 아들과 성령의 이름으로 세례를 받으셨습니까? 너무 오래 되어서 기억이 잘 나지 않으십니까?

그러면 요즘 세례 받는 사람들을 자세히 살펴보시기 바랍니다. 세례받는 자들이 아버지와 아들과 성령의 이름으로 세례를 받는지 자세히 보시기 바랍니다. 대부분의 목사님들이 이렇게 세례를 주실 것입니다.

"내가 성부와 성자와 성령의 이름으로 세례를 주노라. 아멘."

그러면 아버지의 이름이 성부요, 아들의 이름은 성자요, 성령의 이름은 성령인가요?

우리는 삼위일체 하나님에 대해서 알고 있습니다. 여기서는 복잡하고 깊게 이야기하지 않으려고 합니다. 신학 공부 시간이 아니기

때문입니다.

구약의 하나님 이름이 여호와라고 말씀하고 있습니다.

출 15:3 여호와는 용사시니 여호와는 그의 이름이시로다

슥 14:9 여호와께서 천하의 왕이 되시리니 그날에는 여호와께서 홀로 한 분이실 것이요 그의 이름이 홀로 하나이실 것이라

렘 24:7 내가 여호와인 줄 아는 마음을 그들에게 주어서 그들이 전심으로 내게 돌아오게 하리니 그들은 내 백성이 되겠고 나는 그들의 하나님이 되리라

출 6:2 하나님이 모세에게 말씀하여 이르시되 나는 여호와이니라

출 6:3 내가 아브라함과 이삭과 야곱에게 전능의 하나님으로 나타났으나 나의 이름을 여호와로는 그들에게 알리지 아니하였고

출 6:7 너희를 내 백성으로 삼고 나는 너희의 하나님이 되리니 나는 애굽 사람의 무거운 짐 밑에서 너희를 빼낸 너희의 하나님 여호와인 줄 너희가 알지라

여호와 하나님에 대해서 많은 말씀이 있으나 몇 곳만 찾아보았습니다. 참고하시기 바랍니다.

오늘 말씀에서 우리가 기억해야 할 것은, 하나님께서 우리에게 주신 이름은 예수의 이름이라는 것입니다. 골로새서 3장 17절에서 이

렇게 말씀하고 있습니다.

골 3:17 또 무엇을 하든지 말에나 일에나 다 주 예수의 이름으로 하고 그를 힘입어 하나님 아버지께 감사하라

아래에 나타난 복음서에 기록된 말씀을 살펴보시기 바랍니다.

막 1:4 세례 요한이 광야에 이르러 죄 사함을 받게 하는 회개의 세례를 전파하니

눅 3:7 요한이 세례 받으러 나아오는 무리에게 이르되 독사의 자식들아 누가 너희에게 일러 장차 올 진노를 피하라 하더냐

눅 3:8 그러므로 회개에 합당한 열매를 맺고 속으로 아브라함이 우리 조상이라 말하지 말라 내가 너희에게 이르노니 하나님이 능히 이 돌들로도 아브라함의 자손이 되게 하시리라

요 4:1 예수께서 제자를 삼고 세례를 베푸시는 것이 요한보다 많다 하는 말을 바리새인들이 들은 줄을 주께서 아신지라

요 4:2 예수께서 친히 세례를 베푸신 것이 아니요 제자들이 베푼 것이라

복음서에 나타난 물세례는 죄 사함을 받게 하는 회개의 세례와 제자를 삼는 세례로 나타나 있습니다. 오늘 말씀에 예수님은 모든 민족에게로 가서 복음을 전하고 믿는 자들에게 물세례를 주라고 하셨습니다. 우리는 물세례가 주는 의미를 잘 알아야 합니다.

우리에게는 물세례 말고 성령세례도 있습니다. 물세례와 성령세례의 차이점도 잘 알아야 합니다.

마 28:20 내가 너희에게 분부한 모든 것을 가르쳐 지키게 하라 볼지어다 내가 세상 끝날까지 너희와 항상 함께 있으리라 하시니라

- 제자들에게 분부하신 예수님
- 분부한 모든 것을 가르치라고 하시는 예수님
- 분부한 모든 것을 가르쳐 지키게 하라고 하시는 예수님
- 보라고 하시는 예수님
- 세상 끝날까지 항상 함께 있으시겠다는 예수님
- 분부를 받는 사람 - 모든 것을 가르쳐야 할 사람 - 모든 것을 배워야 할 사람 - 지키게 해야 할 사람 - 지켜야 할 사람 - 보아야 할 사람 - 세상 끝날까지 있는 사람 - 예수님과 항상 함께 있을 사람

예수님께서 제자들에게 "내가 너희에게 분부한 모든 것을 가르쳐 지키게 하라"고 하셨습니다. 제자들은 예수님이 분부한 모든 것이 무엇인지 알고 있을까요? 예수님의 가르치심에 대해 이해하지 못한 것들이 많은데 어떻게 기억하고 있을까요? 제자들이 기억한다고 해도 이해가 되지 않은 예수님의 말씀을 어떻게 가르칠 수 있을까요?

여러분은 예수님이 제자들에게 분부한 모든 것이 무엇이라고 생각합니까? 아는 것을 기록해 보세요. 사람들에게 가르치기만 하는 것이 아니라 가르친 것들을 지키게 하라는 것입니다. 제자들도 예수님에게 배운 것을 어떻게 지키며 살아갈지 모르는 상황입니다. 나도 잘 모르겠는데 이것을 남에게 가르치고 지키게 하라는 것입니다. 여러분은 나도 잘 모르는 것, 나도 잘하지 못하는 것을 가르친다면, 지

키게 해야 한다면 어떻습니까? 제자들은 이렇게 말씀하시는 예수님에 대해서 이해가 되었을까요? 여러분은 예수님이 왜 이렇게 말씀하시는지 이해가 되십니까?

여기에 놀라운 비밀이 숨어 있습니다.

이 놀라운 비밀은 우리가 잘 아는 것입니다. 우리 모두가 반드시 해야 할 일입니다. 바로 하나님과 예수님을 믿으라는 것입니다. 하나님이 하신 말씀과 예수님이 하신 말씀을 믿으라는 것입니다. 하나님의 말씀과 예수님의 말씀대로 순종하라는 것입니다.

내가 하는 것이 아니라 하나님이 예수님이 성령님이 하신다는 말씀입니다. 나는 하나님의 말씀과 예수님의 말씀을 전파하는 도구일 뿐입니다. 가끔 '내가 무엇인가를 한다'라는 착각 속에 사는 분이 계십니다. 가끔 "내가 아니면 누가 지키랴. 내가 내가…" 하시는 분이 계십니다. 내가 하는 것이 아닙니다. 하나님께서 예수의 이름으로 보내시는 보혜사 진리의 성령을 통해 역사하시는 것입니다. 걱정하지 마세요. 내가 할 것은 하나뿐입니다. 바로 믿는 믿음입니다.

예수님은 이어서 이렇게 말씀하고 계십니다.

마 28:20 볼지어다 내가 세상 끝날까지 너희와 항상 함께 있으리라 하시니라

보라는 것입니다. 무엇을 보라는 것입니까?

보게 될 것이라는 것입니다. 무엇을 보게 될 것이라는 것입니까? 하나님이, 예수님이, 성령님이 어떻게 하시는가를 보라는 것입니다. 곧 보게 될 것이라는 것입니다.

예수님이 세상 끝날까지 너희와 항상 함께 있겠다고 약속하고 계십니다. 데살로니가전서 5장 10절에서 이렇게 말씀하고 있습니다.

살전 5:10 예수께서 우리를 위하여 죽으사 우리로 하여금 깨어 있든지 자든지 자기와 함께 살게 하려 하셨느니라

히브리서 13장 5절 하반절에서는 이렇게 말씀하고 있습니다.

히 13:5 그가 친히 말씀하시기를 내가 결코 너희를 버리지 아니하고 너희를 떠나지 아니하리라 하셨느니라

신명기 4장 31절과 31장 6절에서는 이렇게 말씀하고 있습니다.

신 4:31 네 하나님 여호와는 자비하신 하나님이심이라 그가 너를 버리지 아니하시며 너를 멸하지 아니하시며 네 조상들에게 맹세하신 언약을 잊지 아니하시리라

신 31:6 너희는 강하고 담대하라 두려워하지 말라 그들 앞에서 떨지 말라 이는 네 하나님 여호와 그가 너와 함께 가시며 결코 너를 떠나지 아니하시며 버리지 아니하실 것임이라

여러분, 성경을 조금만 읽어나가면 이러한 말씀은 수없이 많이 발견하게 될 것입니다. 이러한 말씀이 없어서가 아니라, 중요한 것은 나의 믿음입니다.

하나님이 누구신가를 알아야 합니다. 그래야 믿을 수 있습니다.

예수님이 누구신가를 알아야 합니다. 그래야 믿을 수 있습니다.

성령님이 누구신가를 알아야 합니다. 그래야 믿을 수 있습니다.

날마다 하루 한 절의 꼼꼼한 QT를 통해는 하나님, 예수님, 성령님을 알아가야 합니다.

오늘 말씀에서 나에게 주시는 메시지는 무엇입니까?

마 28:18 예수께서 나아와 말씀하여 이르시되 하늘과 땅의 모든 권세를 내게 주셨으니

마 28:19 그러므로 너희는 가서 모든 민족을 제자로 삼아 아버지와 아들과 성령의 이름으로 세례를 베풀고

마 28:20 내가 너희에게 분부한 모든 것을 가르쳐 지키게 하라 볼지어다 내가 세상 끝날까지 너희와 항상 함께 있으리라 하시니라

- 내가 하나님으로부터 받은 능력과 권세는 무엇입니까?
- 나는 누구의 제자입니까?
- 아버지와 아들과 성령의 이름에 대해서 말해 보십시오.
- 내가 하나님으로부터 받은 분부(사명)는 무엇입니까?
- 나는 올바른 복음을 전파하며 가르치며 살아가고 있습니까?

09

요한복음 13장 1절

끝까지 사랑하시는 예수님

요한복음 13장 1절에서 하나님, 예수님, 성령님, 그리고 사람을 찾아봅니다.

요 13:1 유월절 전에 예수께서 자기가 세상을 떠나 아버지께로 돌아가실 때가 이른 줄 아시고 세상에 있는 자기 사람들을 사랑하시되 끝까지 사랑하시니라

- 유월절 절기를 주신 하나님
- 유월절 절기를 지키시는 예수님
- 세상에 오신 예수님
- 세상을 떠나실 것을 아신 예수님
- 아버지께로 돌아가실 때가 이른 줄 아신 예수님
- 세상에 있는 자기 사람들을 끝까지 사랑하신 예수님
- 돌아갈 곳이 있으신 예수님
- 아버지가 있으신 예수님
- 아들이 있으신 하나님
- 아들이신 예수님
- 세상을 떠나야 하는 사람 - 아버지께로 가야 할 사람 - 아버지께로 가야 할

때를 아는 사람

- 세상에 있는 사람들 - 세상에 있는 사람들을 사랑하는 사람 - 끝까지 사랑하는 사람 - 사랑을 받는 사람들 - 예수님의 사람들

이스라엘 백성에게 있는 절기 중에 유월절 절기가 있습니다. 애굽에서 430년 동안 종살이를 하다가 해방된 기쁨의 날이 유월절입니다. 하나님의 도움으로 이스라엘 백성들은 애굽에서 해방이 되어 하나님이 조상들에게 약속하신 젖과 꿀이 흐르는 가나안 땅을 향해서 걸어가게 됩니다.

하나님은 하나님과 함께 시작한 날부터 이스라엘 백성에게 새로운 달력을 주셨습니다. 세상 모든 나라들이 사용하지 않는 구별된 달력을 주셨습니다. 하나님과 함께한 그날부터 새해 첫날이 시작되는 것입니다. 세상에서 연애하는 청춘 남녀가 흔히 하는 "너와 나는 오늘부터 1일이다"라는 말이 있습니다. 둘만이 새롭게 시작되는 새로운 달력을 사용하는 것입니다.

하나님은 이스라엘 백성에게 새로운 달력을 사용하게 하셔서 이스라엘 백성들이 하나님을 잊지 않고 살아가게 하셨습니다. 하나님의 방법으로 이스라엘 백성들을 인도하신 것입니다.

이는 하나님이 우리와 함께하셔서 우리로 하여금 이제부터 새로운 삶을 시작하는 하나님의 백성으로 살아가는 것을 기억하게 하십니다. 온 세상 만방에 이스라엘은 하나님의 나라요, 하나님의 백성인 것을 나타내 보이며 살아가도록 하신 하나님의 방법입니다.

하나님께서 나를 하나님의 백성으로 하나님의 자녀로 선택하시고 부르신 하나님의 방법 앞에 나에게도 영적 유월절이 있는지 한번 생각해 봅시다. 죄악에서 나를 건지시고 이제부터 하나님과 함께 하

나님의 자녀로, 하나님의 백성으로 살아가도록 만드신 하나님의 방법으로 내가 살아가고 있는지 살펴보아야 합니다.

이스라엘 백성들은 광야 40년의 생활을 통해 하나님이 그들과 함께하신다는 것을 보고 듣고 살아가는 법을 훈련하게 됩니다. 날마다 주시는 만나라는 양식, 때를 따라 주시는 메추라기, 반석에서 솟아나는 물을 주신 하나님은 낮에는 구름 기둥으로, 밤에는 불기둥으로 인도하셨습니다. 이스라엘 백성들은 하나님이 그들과 함께하심을 체험하며 살아갔습니다. 그럼에도 불구하고 그들은 하나님을 믿지 않음으로 광야에서 하나님께 멸망받았다는 것입니다.

영적 유월절을 통해 예수님께서 나를 죄악에서 구속하시고, 하나님의 자녀로 택하시고 부르셨습니다. 주님께서 날마다 주시는 영적 만나와 생수를 마시며 살아가고 있습니까?

오늘 말씀에서 예수님은 제자들을 사랑하시되 끝까지 사랑하신다는 말씀이 있습니다.

마태복음 28장 20절에도 예수님은 이렇게 말씀하셨습니다.

마 28:20 내가 너희에게 분부한 모든 것을 가르쳐 지키게 하라 볼지어다 내가 세상 끝날까지 너희와 항상 함께 있으리라 하시니라

하나님께서 말씀하시고 약속하신 것, 예수님이 말씀하시고 약속하신 것을 믿어야 합니다.

나 자신을 돌아보시기 바랍니다. '나는 이 말씀을 믿고 있는가?' 확인해 보시기 바랍니다.

바울은 우리에게 고린도후서 13장 5절에서 이렇게 말씀하고 있습니다.

고후 13:5 너희는 믿음 안에 있는가 너희 자신을 시험하고 너희 자신을 확증하라 예수 그리스도께서 너희 안에 계신 줄을 너희가 스스로 알지 못하느냐 그렇지 않으면 너희는 버림받은 자니라

우리는 이스라엘 백성들과 유대인들이 하나님께서 주신 절기를 잘 지키며 살았던 것을 성경에서 자세히 살펴볼 수 있습니다. 누가복음 2장 41-52절 말씀을 보면, 예수님이 열두 살 때 처음으로 유월절 절기를 맞이합니다.

열두 살의 예수님은 부모님과 함께 유월절을 지키기 위해 예루살렘 성전에 가게 됩니다. 모든 절기가 끝나고 사람들은 모두 집으로 돌아갑니다. 그런데 예수님은 집으로 돌아가지 않았습니다. 예수님은 성전에서 선생들 중에 앉아 듣기도 하시고 묻기도 하셨습니다. 듣는 자가 다 예수님의 지혜와 대답에 놀랐습니다. 종교 지도자들은 열두 살 어린아이인 예수님의 생각과 말과 행동에 놀랐습니다.

성경에 기록이 되지 않아서 열두 살 예수님이 선생들에게 무슨 질문을 하였는지는 모릅니다. 그러나 열두 살의 예수님은 선생들의 질문에 대답하였고, 그 대답에 놀랐다는 것입니다. 열두 살의 예수님 눈에 유월절 절기를 지키는 종교 지도자들의 모습이 어떻게 보였을까요? 유월절 절기를 지키는 이스라엘 백성들의 모습은 어떻게 보였을까요?

예수님은 부모님과 함께 집으로 돌아가야 하는데 집으로 돌아가지 않고 성전에 남아서 선생들과 무슨 대화를 하였을까요?

예수님의 공생애 3년 동안에 두 번 성전 청결을 행하시는 말씀이 나옵니다. 절기를 지키는 종교 지도자들의 모습, 절기를 지키는 이스

라엘 백성들의 모습과 함께 성전 안에서 장사하는 자들을 내쫓으시는 예수님의 모습이 기록되어 있습니다. 예수님께서는 "내 집은 만민이 기도하는 집인데 너희가 강도의 소굴로 만들었다"라고 하십니다.

우리는 구약성경에서 선지자들이 이스라엘 백성들을 향해서 하는 메시지를 자세히 살펴볼 필요성이 있습니다. 선지자들이 무엇에 대해 외치고 있는지 관심 있게 살펴보아야 합니다.

하나님을 믿고 예수님을 믿고 살아가는 믿음의 삶이란 무엇입니까?

이스라엘 백성들처럼 우리도 자칫하면 종교생활을 하는 잘못에 빠질 수 있습니다.

하나님이 예수 그리스도를 통해 우리에게 하나님의 생명을 주셨습니다. 하나님의 생명을 가진 사람이 하나님의 백성이요, 하나님의 자녀입니다. 하나님의 생명을 가진 자들이 하나님과 함께 살아가는 삶을 믿음의 삶이라고 말합니다. 하나님이 우리에게 주신 생명은 영원한 생명입니다.

나는 하나님의 생명을 가졌습니까? 내가 하나님의 생명을 가지고, 하나님의 생명으로 살아가고 있는가를 점검해야 합니다.

예수님은 하나님의 영원한 생명을 주시기 위해서 하나님의 보내심을 받아 이 세상에 오셨습니다. 예수님은 하나님의 언약의 말씀을 성취하시기 위해 이 세상에 오셔서 사랑하는 제자들과 함께 마지막 유월절을 보내고 있었습니다. 예수님은 아버지께 돌아가실 때가 이른 줄 아시고 사랑하는 제자들과 함께 친밀한 교제의 시간을 보내고 있는 것입니다. 예수님이 하실 일을 모르는 제자들과 예수님의 대화 내용은 얼마나 서로 빗나갑니까?

세상의 모든 사람들은 태어나고 살다가 언젠가는 죽는다는 사실을 다 알고 있습니다. 그런데 어떤 사람들이 살아가는 것을 보면 죽지 않는 사람처럼 살아가는 것을 보게 됩니다.

예수님께서는 비유를 통해 우리에게 말씀하십니다.

눅 12:16 또 비유로 그들에게 말하여 이르시되 한 부자가 그 밭에 소출이 풍성하매

눅 12:17 심중에 생각하여 이르되 내가 곡식 쌓아 둘 곳이 없으니 어찌할까 하고

눅 12:18 또 이르되 내가 이렇게 하리라 내 곳간을 헐고 더 크게 짓고 내 모든 곡식과 물건을 거기 쌓아 두리라

눅 12:19 또 내가 내 영혼에게 이르되 영혼아 여러 해 쓸 물건을 많이 쌓아 두었으니 평안히 쉬고 먹고 마시고 즐거워하자 하리라 하되

눅 12:20 하나님은 이르시되 어리석은 자여 오늘 밤에 네 영혼을 도로 찾으리니 그러면 네 준비한 것이 누구의 것이 되겠느냐 하셨으니

눅 12:21 자기를 위하여 재물을 쌓아 두고 하나님께 대하여 부요하지 못한 자가 이와 같으니라

예수님은 우리가 이 세상을 살 때 하늘 창고에 쌓아두라고 말씀하십니다.

마 6:19 너희를 위하여 보물을 땅에 쌓아 두지 말라 거기는 좀과 동록이 해하며 도둑이 구멍을 뚫고 도둑질하느니라

마 6:20 오직 너희를 위하여 보물을 하늘에 쌓아 두라 거기는 좀이나 동록이 해하지 못하며 도둑이 구멍을 뚫지도 못하고 도둑질도 못하느니라

세상 떠날 것을 아는 사람은 내가 어디에서 왔는가를 아는 사람입니다.

하나님을 믿지 않는 사람들의 대화를 자세히 들어보십시오. 무슨 말을 합니까? 이 사람들의 대화를 들어보면 대부분 죽은 사람들이 하늘에 있다고 말합니다. "하늘에서 우리를 보고 있다, 하늘에서 우리를 지켜주고 있다, 하늘의 별이 되었다"라고 얘기합니다.

더 놀라운 대화는 이런 말을 하는 것입니다. 둘이서 대화를 하다가 상대방이 성의 없이 대답을 하면 "왜 영혼 없는 대답을 하느냐?" 라고 묻습니다. 듣고 있노라면 정말 놀랄 일입니다. 하나님도 믿지 않는 자들이 어떻게 이런 대화를 할까요?

여러분은 어떠신가요? 이런 대화를 들어보셨나요? 여러분은 이 세상을 떠날 것을 알고 있습니까? 이 세상을 떠날 준비를 하면서 살아가고 있습니까? 영적으로도 준비를 해야 하고, 육적으로도 준비를 해야 합니다.

많은 나라에서 죽기 전에 유언장을 써 놓는 경우가 많다는 이야기를 들었을 것입니다. 육적인 준비도 필요하겠지만 영적으로 준비하는 것은 육적 준비보다 더 필요합니다.

'하나님' 하면 항상 떠오르는 것이 사랑입니다. '예수님' 하면 떠오르는 것 역시 사랑입니다. 하나님과 예수님의 사랑은 그 무엇과도

비교할 수 없습니다.

오늘 말씀에서 예수님은 자기의 사람들을 사랑하시되 끝까지 사랑하신다고 합니다. 끝까지 사랑하신다는 것은 사랑하는 사람들을 끝까지 책임지시겠다는 말입니다. 사랑하는 사람에 대해서 끝까지 무엇을 책임지시겠다는 말입니까? 사랑하는 사람의 영육 간의 모든 것, 사랑하는 사람을 영원히 책임지시겠다는 말입니다. 예수님은 충분히 그렇게 하실 수 있으신 분입니다. 사람이 예수님을 배신하지 않는다면 예수님은 사람을 절대 배신하지 않으실 분이기 때문입니다.

하나님의 사랑을 체험해 보았습니까?(나만의 일기장에 고백해 봅시다)

하나님의 사랑을 체험해 보았다면 어떤 하나님의 사랑을 체험해 보았습니까?

하나님의 사랑을 체험해 보지 못했다면 왜 하나님의 사랑을 체험해 보지 못했나요?

예수님의 사랑을 체험해 보았습니까?(나만의 일기장에 고백해 봅시다)

예수님의 사랑을 체험해 보았다면 어떤 예수님의 사랑을 체험해 보았습니까?

예수님의 사랑을 체험해 보지 못했다면 왜 예수님의 사랑을 체험해 보지 못했나요?

나는 하나님처럼, 예수님처럼 사랑해 본 일이 있습니까?

있다면 언제, 어떻게 하였나요? 없다면 왜 없나요?(나만의 일기장에 고백해 봅시다)

오늘 말씀에서 나에게 주시는 메시지는 무엇입니까?

요 13:1 유월절 전에 예수께서 자기가 세상을 떠나 아버지께로 돌아가실 때가 이른 줄 아시고 세상에 있는 자기 사람들을 사랑하시되 끝까지 사랑하시니라

- 나의 유월절은 언제입니까?
- 예수님께서 세상에 오신 이유와 목적이 무엇입니까?
- 예수님은 왜 아버지께로 돌아가시려고 하실까요?
- 나는 하나님의 사랑의 대상자입니까? 왜 내가 하나님의 사랑의 대상자라고 생각하나요?
- 나는 하나님을 사랑합니까? 어느 정도 하나님을 사랑합니까?
- 나는 예수님을 사랑합니까? 어느 정도 예수님을 사랑합니까?
- 나는 사랑의 열매를 맺으며 살아가고 있습니까? 사랑의 열매에 대해서 말해 보십시오.

10

요한복음 1장 12절

아버지의 이름 예수

1. 요한복음 1장 12절에서 하나님, 예수님, 성령님, 그리고 사람을 찾아 봅니다.

요 1:12 영접하는 자 곧 그 이름을 믿는 자들에게는 하나님의 자녀가 되는 권세를 주셨으니

- 영접해야 할 예수님 - 예수님을 영접해야 할 사람
- 이름이 있으신 예수님 - 예수의 이름을 알아야 할 사람
- 믿어야 할 예수님 - 그 이름을 믿어야 할 사람
- 자녀가 있으신 하나님 - 하나님의 자녀가 되어야 할 사람
- 권세를 가지신 하나님 - 권세를 가져야 할 사람
- 권세를 주시는 하나님 - 권세를 받아야 할 사람

영접이란 받아들이는 것입니다. 생각과 마음으로 내 삶에 예수님을 받아들이는 것, 예수님을 인정하는 것입니다. 예수님을 무엇으로 인정하라는 말입니까? 예수님을 받아들이고 인정하려면 예수님이 누구신지 알아야 합니다. 왜 예수님을 받아들이고 인정해야 합니까? 이렇게 해야 하는 이유와 목적이 무엇입니까? 예수님의 무엇을

받아들이고 인정하라는 말입니까?

사람들이 영접해야 할, 믿어야 할 이름은 예수의 이름을 가지신 하나님의 독생자입니다. 그 이름을 믿어야, 그 이름을 가지신 하나님의 독생자를 영접해야 하나님의 자녀가 되는 권세를 가지게 됩니다. 하나님께서 독생자를 세상에 보내시겠다고 언약하시고 언약하신 대로 보내주셨습니다. 하나님께서 독생자를 이 세상에 보내실 때 아버지의 이름을 주어서 보내셨습니다.

하나님의 독생자는 아버지께서 주신 아버지의 이름을 가지고 세상에 오셨습니다. 하나님의 독생자 아들은 하나님 아버지께서 언약하신 대로 이 세상에 오신 것입니다. 하나님 아버지의 언약을 이루시기 위해 오신 것입니다.

> **창 3:15** 내가 너로 여자와 원수가 되게 하고 네 후손도 여자의 후손과 원수가 되게 하리니 여자의 후손은 네 머리를 상하게 할 것이요 너는 그의 발꿈치를 상하게 할 것이니라 하시고

> **창 3:15** 나는 너를 여자와 원수가 되게 하리라. 네 후손을 여자의 후손과 원수가 되게 하리라 너는 그 발꿈치를 물려고 하다가 도리어 여자의 후손에게 머리를 밟히리라(공동번역)

여자의 후손이란 무슨 뜻입니까? 아는 대로 말해보세요.

이 세상에 태어난 사람은 모두가 아담의 후손입니다. 모두가 다 남자의 후손입니다.

여자의 후손이란, 남자의 씨 없이 세상에 태어난 사람을 말합니다. 동정녀 처녀의 몸에서 성령으로 잉태하여 세상에 오신 예수님만

이 여자의 후손입니다. 하나님은 죄 없는 사람을 세상에 보내셔서 죄인들을 대속할 계획을 세우신 것입니다.

사람들은 여자의 후손이란 말을 얼마나 알고, 얼마나 깨달았을까요?

사람들은 이사야 선지자를 통해서 처녀가 잉태하여 아들을 낳는다는 말씀을 듣게 됩니다. 처녀가 어떻게 잉태한다는 말입니까? 얼마나 알고, 얼마나 깨닫고, 무엇을 믿었을까요? 이는 처음 있는 일이고, 듣지도 보지도 못한 일입니다. 의학적으로, 과학적으로, 세상적으로 그 무엇으로도 이해가 안 되는 말이기 때문입니다.

요셉과 마리아도 천사의 말을 듣고 하나님의 방법을 듣게 됩니다. 성령으로 잉태된다는 것에 대해서 듣게 되지만 얼마나 이해가 되겠습니까? 성령으로 잉태된다는 것을 누가 어떻게 설명해야 이해가 되겠습니까?

이 일은 믿음의 일입니다. 하나님이 누구신가를 알아야 하는 일입니다. 하나님이 누구신가를 잘 알고 또 알고, 깨닫고 또 깨닫고, 믿고 또 믿어야 하는 일입니다. 많은 사람들이 들어서 알기는 알지만, 과연 믿어졌을까요? 요셉과 마리아의 믿음은 놀라운 믿음이었습니다. 하나님께서 말씀하신 것을 하나님이 이루실 것을 믿는 믿음을 가진 사람들이었기 때문입니다.

하나님의 독생자를 영접하고 하나님 아버지가 독생자에게 주신 예수의 이름을 믿으라는 말은, 하나님께서 언약을 하시고 언약을 이루신 것을 믿으라는 말입니다. 하나님의 독생자 아들이 아버지의 이름, 예수의 이름으로 이 세상에 오셔서 하나님이 언약하신 언약의 일을 이루신 것을 믿으라는 말입니다. 이 믿음이 하나님의 자녀가 되는 권세를 가지게 된다는 말입니다. 이 믿음이 하나님의 생명을 가지게 된다는 말입니다. 하나님은 독생자 아들 예수님을 영접하고 믿는 자들에게 하나님의 생명, 즉 영생을 주십니다.

요 3:16 하나님이 세상을 이처럼 사랑하사 독생자를 주셨으니 이는 그를 믿는 자마다 멸망하지 않고 영생을 얻게 하려 하심이라

영생이란 무엇입니까? 하나님이 주신 생명으로 하나님의 나라, 천국에서 하나님과 함께 영원히 사는 것을 말합니다. 이것을 우리는 구원받았다고 말합니다. 다시 말하면 하나님 나라 천국은 누가 가는 곳입니까? 예수님을 영접한 사람, 예수의 이름을 알고 믿는 사람, 하나님의 자녀가 된 사람, 하나님이 주신 권세를 가진 사람이 가는 곳입니다.

오늘 말씀에서 나에게 주시는 메시지는 무엇입니까?

요 1:12 영접하는 자 곧 그 이름을 믿는 자들에게는 하나님의 자녀가 되는 권세를 주셨으니

- 나는 하나님의 자녀입니까? 이를 무엇으로 증명할 수 있습니까?
- 나는 하나님으로부터 권세를 받았습니까? 하나님께 받은 권세를 증명해 보십시오.
- 나는 예수님을 영접하였습니까? 예수님을 영접한 증거를 보이십시오.
- "그 이름을 믿는 자들에게"에서 그 이름이란 어떤 이름입니까?

11

요한복음 6장 35절

하늘의 양식

요한복음 6장 35절에서 하나님, 예수님, 성령님, 그리고 사람을 찾아봅니다.

요 6:35 예수께서 이르시되 나는 생명의 떡이니 내게 오는 자는 결코 주리지 아니할 터이요 나를 믿는 자는 영원히 목마르지 아니하리라

- 말씀하시는 예수님 - 예수님의 말씀을 들어야 할 사람
- 왜 예수님의 말씀을 들어야 합니까?
- 생명의 떡이신 예수님 - 생명의 떡이 필요한 사람 - 생명의 떡을 먹어야 할 사람
- 오라고 하시는 예수님 - 예수님께 가야 할 사람 - 왜 오라고 하십니까?
- 주리지 않게 해 주겠다는 예수님 - 주리지 않아야 할 사람 - 먹어야 할 사람
- 나를 믿으라고 하시는 예수님 - 예수님을 믿어야 할 사람 - 왜 예수님을 믿어야 합니까?
- 영원히 목마르지 않게 해 주겠다는 예수님 - 영원히 목마르지 않아야 할 사람

사람은 육신과 영혼으로 되어 있습니다. 육과 영, 겉 사람과 속 사람, 육신적인 사람과 영적인 사람으로 구분됩니다. 육신의 양식과

영혼의 양식은 각각 다릅니다. 하나님은 사람에게 필요한 육신의 양식과 영혼의 양식을 다 주시는 분입니다. 하나님께서 주시지 아니하면 육신의 양식과 영혼의 양식을 먹고 살 수 없습니다.

육신의 양식

창 1:29 하나님이 이르시되 내가 온 지면의 씨 맺는 모든 채소와 씨 가진 열매 맺는 모든 나무를 너희에게 주노니 너희의 먹을거리가 되리라

창 9:3 모든 산 동물은 너희의 먹을 것이 될지라 채소같이 내가 이것을 다 너희에게 주노라

전 12:7 육은 본래의 흙으로 돌아가고 영은 그것을 주신 하나님께로 돌아가기 전에 너의 창조자를 기억하라(현대인의 성경)

창 2:9 여호와 하나님이 그 땅에서 보기에 아름답고 먹기에 좋은 나무가 나게 하시니 동산 가운데에는 생명나무와 선악을 알게 하는 나무도 있더라

창 2:16 여호와 하나님이 그 사람에게 명하여 이르시되 동산 각종 나무의 열매는 네가 임의로 먹되

창 3:22 여호와 하나님이 이르시되 보라 이 사람이 선악을 아는 일에 우리 중 하나같이 되었으니 그가 그의 손을 들어 생명나무 열매도 따먹고 영생할까 하노라 하시고

마 4:4 예수께서 대답하여 이르시되 기록되었으되 사람이 떡으로만 살 것

이 아니요 하나님의 입으로부터 나오는 모든 말씀으로 살 것이라 하였느니라(신 8:3)

영혼의 양식

마 4:4 예수께서 대답하여 이르시되 기록되었으되 사람이 떡으로만 살 것이 아니요 하나님의 입으로부터 나오는 모든 말씀으로 살 것이라 하였느니라(신 8:3)

사 55:1 오호라 너희 모든 목마른 자들아 물로 나아오라 돈 없는 자도 오라 너희는 와서 사 먹되 돈 없이, 값 없이 와서 포도주와 젖을 사라(계 21:6)

사 55:2 너희가 어찌하여 양식이 아닌 것을 위하여 은을 달아 주며 배부르게 하지 못할 것을 위하여 수고하느냐 내게 듣고 들을지어다 그리하면 너희가 좋은 것을 먹을 것이며 너희 자신들이 기름진 것으로 즐거움을 얻으리라

사 55:3 너희는 귀를 기울이고 내게로 나아와 들으라 그리하면 너희의 영혼이 살리라

사 55:3 내가 너희를 위하여 영원한 언약을 맺으리니 곧 다윗에게 허락한 확실한 은혜이니라

계 22:17 성령과 신부가 말씀하시기를 오라 하시는도다 듣는 자도 오라 할 것이요 목마른 자도 올 것이요 또 원하는 자는 값없이 생명수를 받으라 하시더라

요 4:10 예수께서 대답하여 이르시되 네가 만일 하나님의 선물과 또 네게 물 좀 달라 하는 이가 누구인 줄 알았더라면 네가 그에게 구하였을 것이요 그가 생수를 네게 주었으리라

요 6:35 예수께서 이르시되 나는 생명의 떡이니 내게 오는 자는 결코 주리지 아니할 터이요 나를 믿는 자는 영원히 목마르지 아니하리라

요 6:51 나는 하늘에서 내려온 살아 있는 떡이니 사람이 이 떡을 먹으면 영생하리라 내가 줄 떡은 곧 세상의 생명을 위한 내 살이니라 하시니라

요 6:55 내 살은 참된 양식이요 내 피는 참된 음료로다

오늘 말씀에서 나에게 주시는 메시지는 무엇입니까?

요 6:35 예수께서 이르시되 나는 생명의 떡이니 내게 오는 자는 결코 주리지 아니할 터이요 나를 믿는 자는 영원히 목마르지 아니하리라

- 영혼의 양식이 필요하다는 것을 느끼며 살아가고 있습니까?
- 나는 영혼 관리를 어떻게 하며 살아가고 있습니까?
- 요한삼서 1장 2절을 깊이 묵상해 보시기 바랍니다.

12

요한복음 14장 6절

생명과 진리의 길

요한복음 14장 6절에서 하나님, 예수님, 성령님, 그리고 사람을 찾아봅니다.

요 14:6 예수께서 이르시되 내가 곧 길이요 진리요 생명이니 나로 말미암지 않고는 아버지께로 올 자가 없느니라

- 말씀하시는 예수님 - 예수님의 말씀을 들어야 할 사람
- 길이신 예수님 - 좁은 길이신 예수님 - 구원의 길이신 예수님 - 이 길을 가야 할 사람 - 오직 하나의 길이신 예수님
- 진리이신 예수님 - 영원히 변함이 없으신 예수님 - 변함없이 살아야 할 사람
- 생명이신 예수님 - 영생이신 예수님 - 구원자이신 예수님 - 생명이 필요한 사람 - 생명으로 살아야 할 사람
- 통로가 되시는 예수님 - 오직 하나의 통로이신 예수님 - 유일한 통로이신 예수님 - 통로가 필요한 사람
- 아버지께로 가는 통로이신 예수님 - 세상의 수많은 사람들이 어디를 향해서 가고 있는가? 예수님을 통해서 하나님 아버지께 가야 할 사람

우리가 성경을 볼 때 '하나님께서 혹은 예수님께서 무슨 말씀을 하시는가? 왜 이 말씀을 하시는가?' 하면서 자세히 듣고 깊이 생각하고 묵상해야 합니다.

예수님은 "나는 양의 문이다, 이 문은 좁은 문이다, 이 문은 생명의 문이다, 이 문은 오직 하나의 문이다"라고 말씀하십니다(요 10:7, 9; 마 7:13; 눅 13:24; 행 4:12).

요 10:7 그러므로 예수께서 다시 이르시되 내가 진실로 진실로 너희에게 말하노니 나는 양의 문이라

요 10:9 내가 문이니 누구든지 나로 말미암아 들어가면 구원을 받고 또는 들어가며 나오며 꼴을 얻으리라

마 7:13 좁은 문으로 들어가라 멸망으로 인도하는 문은 크고 그 길이 넓어 그리로 들어가는 자가 많고

마 7:14 생명으로 인도하는 문은 좁고 길이 협착하여 찾는 자가 적음이라

눅 13:24 좁은 문으로 들어가기를 힘쓰라 내가 너희에게 이르노니 들어가기를 구하여도 못하는 자가 많으리라

행 4:12 다른 이로써는 구원을 받을 수 없나니 천하 사람 중에 구원을 받을 만한 다른 이름을 우리에게 주신 일이 없음이라 하였더라

내가 가고 있는 길은 어느 길인지 확인해 보아야 합니다. 내가 들어간 문은 어떠한 문인지 확인해 보아야 합니다. 좁은 길인지 확인

해 보십시오. 좁은 문인지를 확인해 보십시오. 생명의 길인지를 확인해 보십시오. 생명의 문인지를 확인해 보십시오.

예수님은 좁은 길, 좁은 문, 생명의 길, 생명의 문이십니다. 예수님으로 말미암지 않고는 아버지께 갈 수 없습니다.

예수님은 "내가 곧 진리라"고 말씀하십니다. 진리란 무엇입니까? 진리란 영원히 변하지 않는 것을 말합니다. 이 세상에서 영원히 변하지 않는 것이 있다면 무엇입니까? 이 세상에서 영원히 변하지 않는 것은 하나님과 예수님과 성령님과 성경 말씀 외에는 없습니다. 다시 말하면 하나님과 예수님과 성령님과 성경 말씀만이 진리라는 말입니다.

요 8:32 진리를 알지니 진리가 너희를 자유롭게 하리라

예수님께서는 "진리를 안다면 진리가 주는 풍성한 것들을 너희가 받아 누릴 것이다"라고 말씀하십니다. 우리는 진리를 알지 못하므로 진리가 주는 것을 받지 못하고 살아가는 것입니다. 진리의 하나님 - 예수님 - 성령님 - 말씀을 알면(깨달아지고 믿어진다) 어떠한 것으로부터도 자유함을 누리며 살아갈 수 있습니다.

진리의 하나님, 예수님, 성령님, 말씀을 잘 모르기 때문에 자유함을 누리지 못하고 살아가는 것입니다. 진리가 무엇을 못하겠습니까? 진리가 무엇을 주지 못하겠습니까? 진리가 무엇을 해결하지 못하겠습니까? 자유함을 누리지 못하고 산다면 진리를 알지 못하고 사는 것입니다.

진리는 능치 못함이 없습니다. 진리가 자유케 하지 못할 것은 없습니다. 진리의 하나님, 예수님, 성령님, 성경 말씀을 통해 진리의 복음, 진리의 믿음이 주어지는 것입니다.

오늘 말씀에서 나에게 주시는 메시지는 무엇입니까?

요 14:6 예수께서 이르시되 내가 곧 길이요 진리요 생명이니 나로 말미암지 않고는 아버지께로 올 자가 없느니라

- 나는 어느 길에 서 있으며, 어떤 방향으로 가고 있습니까?
- 진리가 무엇입니까? 내가 아는 진리에 대해 말해 보십시오.
- 사람은 두 가지 생명을 가졌습니다. 즉 육적 생명과 영적 생명입니다.
- 하나님과 영원히 함께 사는 생명은 어느 생명입니까?

13

요한복음 20장 31절

하나님의 생명으로

요한복음 20장 31절에서 하나님, 예수님, 성령님, 그리고 사람을 찾아봅니다.

요 20:31 오직 이것을 기록함은 너희로 예수께서 하나님의 아들 그리스도이심을 믿게 하려 함이요 또 너희로 믿고 그 이름을 힘입어 생명을 얻게 하려 함이니라

- 기록한 이유와 목적이 되시는 예수님 - 기록되어지는 이유와 목적이 되어야 할 사람
- 아들이 있으신 하나님 - 하나님의 자녀가 되어야 할 사람
- 하나님의 아들 그리스도 예수님 - 하나님의 아들이 되어야 할 사람
- 믿음의 대상자가 되시는 예수님
- 믿음의 대상자 예수님처럼 사람들의 대상자가 되어야 할 사람
- 믿으라고 하시는 예수님 - 믿어야 할 사람
- 이름이 있으신 예수님 - 예수의 이름이 필요한 사람
- 이름을 힘입는 자에게 생명이 되시는 예수님
- 예수의 이름으로 생명을 가져야 할 사람

우리가 가지고 있는 성경은 구약과 신약으로 나누어져 있습니다. 구약성경은 장차 오실 메시아에 대해서 기록한 책입니다 신약성경은 세상에 오신 메시아에 대해서 기록한 책입니다. 한마디로 성경 전체는 메시아이신 하나님의 독생자 예수 그리스도에 대해 기록한 책입니다.

성경은 왜 하나님의 독생자 예수 그리스도에 대해 기록하고 있습니까? 하나님께서 범죄한 사람을 구원하시기 위한 계획입니다. 하나님께서 독생자 예수 그리스도를 세상에 보내사 누구든지 예수 그리스도를 믿게 하려는 것입니다. 예수 그리스도를 믿고 예수의 이름으로 생명을 얻도록 하기 위해서입니다. 이러한 계획을 하나님이 세우셨습니다(창 3:15; 요 3:16).

창 3:15 내가 너로 여자와 원수가 되게 하고 네 후손도 여자의 후손과 원수가 되게 하리니 여자의 후손은 네 머리를 상하게 할 것이요 너는 그의 발꿈치를 상하게 할 것이니라 하시고

창 3:15 나는 너를 여자와 원수가 되게 하리라 네 후손을 여자의 후손과 원수가 되게 하리라 너는 그 발꿈치를 물려고 하다가 도리어 여자의 후손에게 머리를 밟히리라(공동번역)

요 3:16 하나님이 세상을 이처럼 사랑하사 독생자를 주셨으니 이는 그를 믿는 자마다 멸망하지 않고 영생을 얻게 하려 하심이라

하나님께서 사람들에게 예수 그리스도를 통해 하나님의 생명을 주시겠다는 것입니다. 예수 그리스도를 통해 하나님의 생명을 가진 자와 함께 하나님 나라 천국에서 영원히 살겠다는 것이 하나님의 계

획이십니다. 약속의 말씀을 하신 대로 이루신 것입니다.

하나님의 독생자 예수 그리스도에 대해서 자세히 알아야 합니다.

하나님의 독생자 예수 그리스도가 하나님이 세상에 주신 복음입니다.

하나님의 독생자 예수 그리스도가 복음입니다.

하나님의 독생자 예수 그리스도가 하나님이 세상에 주신 기쁜 소식입니다.

하나님의 독생자 예수 그리스도가 하나님의 약속을 이루신 분입니다.

하나님의 독생자 예수 그리스도를 믿음으로 구원을 받습니다.

하나님의 독생자 예수 그리스도를 믿음으로 구원을 받는다는 말은 하나님의 독생자 예수 그리스도를 통해서 하나님의 생명을 갖게 된다는 말입니다.

이제 우리는 하나님의 독생자 예수 그리스도를 믿음으로 하나님의 생명을 가지고, 예수의 이름으로 하나님의 뜻이 무엇인가를 깨달아 하나님을 기쁘게 하는 믿음의 삶을 살아가야 합니다. 다시 말하면 하나님의 생명을 가지고 살아가는 하나님의 백성이요 하나님의 자녀로서, 하나님이 우리에게 주신 하나님 나라인 천국 복음을 증거하고 전파하면서 열매 맺으며 살아가야 합니다.

오늘 말씀에서 나에게 주시는 메시지는 무엇입니까?

요 20:31 오직 이것을 기록함은 너희로 예수께서 하나님의 아들 그리스도이심을 믿게 하려 함이요 또 너희로 믿고 그 이름을 힘입어 생명을 얻게 하려 함이니라

- 나는 성경을 어떤 방법으로 어느 정도 읽고 연구합니까?
- 나는 나의 믿음을 정기적으로 점검합니까? 어떤 방법으로 나의 믿음을 점검하고 있습니까?
- 예수의 이름으로 하나님의 생명을 가지고 살아가고 있습니까?

14

야고보서 2장 26절

영혼 관리

야고보서 2장 26절에서 하나님, 예수님, 성령님, 그리고 사람을 찾아봅니다.

약 2:26 영혼 없는 몸이 죽은 것같이 행함이 없는 믿음은 죽은 것이니라

- 영혼을 창조하신 하나님 - 영혼의 귀중성, 영혼의 가치성, 영혼에 대해서 알아야 할 사람
- 몸을 창조하신 하나님 - 몸의 귀중성, 몸의 가치성, 몸에 대해서 알아야 할 사람
- 죽음을 주신 하나님 - 죽음에 대해서 알아야 할 사람
- 행함 없는 믿음을 책망하시는 하나님 - 행함이 있는 믿음으로 살아야 할 사람
- 죽은 믿음을 책망하시는 하나님 - 살아 있는 믿음으로 살아야 할 사람
- 영혼+몸=사람 - 영혼이 떠나간 몸은 죽은 것이다. 영혼과 몸이 함께 있어야 산 사람이다.
- 행함 없는 믿음+죽은 믿음 = 영혼 없는 몸

세상 사람들이 하는 말에 귀를 기울여 들으면 이런 말들을 합니다.

"왜 영혼 없는 대답을 해? 왜 영혼 없는 말을 해?"

사람들은 죽은 사람들을 향해 "하늘에서 보고 있을 거야, 하늘로 갔어, 하늘에서 별이 되어 우리를 보고 있어, 하늘에서 나를 지켜주고 있을 거야"라고 말합니다.

사람이 죽어서 분명히 땅에 장사를 지냈는데, 혹은 화장을 했는데 왜 이런 말들을 할까요?

땅에 장사 지내고 왜 하늘에 있다고 말할까요? 하늘에 있다고 말하는 것은 무슨 뜻으로 말하는 것일까요? 이는 영혼에 대해서 무슨 지식을 갖고 말하는 것이 아닙니다. 그래도 그들의 말을 통해 우리 그리스도인들은 무엇인가 깨달아야 하지 않을까요?

여러분은 영혼에 대해서 생각해 보신 일이 있으신가요? 무엇을 발견하셨습니까?

사람은 육신과 영혼으로 되어 있습니다. 육과 영, 겉 사람과 속 사람, 육신적인 사람과 영적인 사람으로 구분됩니다. 육신의 양식과 영혼의 양식이 각각 다릅니다.

하나님은 사람에게 필요한 육신의 양식과 영혼의 양식을 다 주시는 분입니다. 하나님께서 주시지 않으면 육신의 양식과 영혼의 양식을 먹고 살 수 없습니다.

계 3:1 사데 교회의 사자에게 편지하라 하나님의 일곱 영과 일곱 별을 가지신 이가 이르시되 내가 네 행위를 아노니 네가 살았다 하는 이름은 가졌으나 죽은 자로다

눅 12:20 하나님은 이르시되 어리석은 자여 오늘 밤에 네 영혼을 도로 찾

으리니 그러면 네 준비한 것이 누구의 것이 되겠느냐

사람들은 육신을 위해서 많은 신경을 쓰고 살아갑니다. 조금만 아파도 야단이고 육신을 위해서 이것저것 많이 투자를 합니다. 그렇다면 영혼을 위해서는 무엇을 하고 있습니까? 한번 생각해 보시기 바랍니다.

영혼을 위해서는 무엇을 어떻게 해야 하는지 모르고 살아갑니다. 영혼에 대해서 아무 관심 없이 살아왔고, 살아가고 있으며, 앞으로도 아무 계획이 없습니다. 육신도 나요 영혼도 나인데, 왜 우리는 영혼에 관심을 갖지 않을까요? 육신의 것이 우리 삶의 99%를 차지합니다.

사람들은 영혼이 있다는 것을 알고 살아가고 있을까요? 영혼이 없는 몸(육신)은 죽었다고 했는데, 영혼을 모르고 살아가고 있다면 어떤 자의 삶을 살아가고 있는 것인가요? 말하기가 끔찍합니다. 그렇다면 우리는 죽은 자의 삶을 살고 있는 것입니다.

야고보서 기자는 행함이 없는 믿음은 죽은 것이라고 했습니다. 영혼 없는 몸은 죽은 것이라고 했습니다.

오늘 말씀에서 나에게 주시는 메시지는 무엇입니까?

약 2:26 영혼 없는 몸이 죽은 것같이 행함이 없는 믿음은 죽은 것이니라

- 사람의 육신의 가치와 영혼의 가치에 대해서 말해 봅시다.
- 죽은 믿음에 대해서, 살아 있는 믿음에 대해서 말해 봅시다.
- 나는 영혼 관리를 어떻게 하고 있습니까?

15

골로새서 1장 28절

완전한 자의 삶

골로새서 1장 28절에서 하나님, 예수님, 성령님, 그리고 사람을 찾아봅니다.

골 1:28 우리가 그를 전파하여 각 사람을 권하고 모든 지혜로 각 사람을 가르침은 각 사람을 그리스도 안에서 완전한 자로 세우려 함이니

- 전파되어지는 예수님 - 전파되는 복음을 들어야 할 사람 - 복음을 전파해야 할 사람
- 내 안에 있으라고 하시는 그리스도 - 그리스도 안에 있어야 할 사람
- 권함을 받아야 할 사람 - 권해야 할 사람
- 모든 지혜로 각 사람을 가르쳐야 할 사람 - 모든 지혜로 가르침을 받아야 할 사람
- 그리스도 안에서 완전한 자로 세우심을 받아야 할 사람 - 서 있어야 할 사람
- 그리스도 안에서 완전한 자로 만들어야 할 사람

예수 그리스도의 복음을 어떻게 전파해야 합니까? 어떻게 전파하고 있습니까? 전파된 복음에 대해 어떻게 증거함을 받았습니까?

우리는 모든 지혜로 각 사람을 권해야 하고, 모든 지혜로 각 사람을 가르쳐야 합니다.

모든 지혜로 권하고 가르치는 이유와 목적은 그리스도 안에서 완전한 자로 세우기 위해서입니다.

완전한 자란?

창 17:1 아브람이 구십구 세 때에 여호와께서 아브람에게 나타나서 그에게 이르시되 나는 전능한 하나님이라 너는 내 앞에서 행하여 완전하라

신 18:13 너는 네 하나님 여호와 앞에서 완전하라

딤후 3:17 이는 하나님의 사람으로 온전하게 하며 모든 선한 일을 행할 능력을 갖추게 하려 함이라

행 3:20 또 주께서 너희를 위하여 예정하신 그리스도 곧 예수를 보내시리니

행 3:21 하나님이 영원 전부터 거룩한 선지자들의 입을 통하여 말씀하신 바 만물을 회복하실 때까지는 하늘이 마땅히 그를 받아 두리라

행 3:22 모세가 말하되 주 하나님이 너희를 위하여 너희 형제 가운데서 나 같은 선지자 하나를 세울 것이니 너희가 무엇이든지 그의 모든 말을 들을 것이라

행 3:23 누구든지 그 선지자의 말을 듣지 아니하는 자는 백성 중에서 멸망 받으리라

오늘 말씀에서 나에게 주시는 메시지는 무엇입니까?

골 1:28 우리가 그를 전파하여 각 사람을 권하고 모든 지혜로 각 사람을 가르침은 각 사람을 그리스도 안에서 완전한 자로 세우려 함이니

- 예수 그리스도를 아는 지식으로 자라가고 있습니까?
- 예수 그리스도에 대해 배우고 가르치며 살아가고 있습니까? 나는 하나님이 원하시는 사람, 완전한 자로 세워져 가고 있습니까?

16

사도행전 22장 14절

보고 듣고 깨닫고

사도행전 22장 14절에서 하나님, 예수님, 성령님, 그리고 사람을 찾아봅니다.

행 22:14 그가 또 이르되 우리 조상들의 하나님이 너를 택하여 너로 하여금 자기 뜻을 알게 하시며 그 의인을 보게 하시고 그 입에서 나오는 음성을 듣게 하셨으니

- 자손들이 있으신 하나님 - 하나님의 자손이 되어야 할 사람
- 조상들의 하나님이 되신 하나님 - 믿음의 조상이 있어야 할 사람
- 택하시는 하나님 - 택함을 받아야 할 사람
- 뜻이 있으신 하나님 - 뜻을 알아야 할 사람 - 뜻을 가지고 살아야 할 사람
- 알게 해 주시는 하나님 - 알아야 할 사람 - 무엇을 알아야 하는가?
- 의인이신 예수님 - 의인이 되어야 할 사람
- 의인을 보게 해 주시는 하나님 - 의인을 보아야 할 사람
- 말씀하시는 예수님 - 말씀을 들어야 할 사람
- 사람들에게 음성을 들려주시는 예수님 - 예수님의 음성을 들어야 할 사람

성경에 하나님은 이스라엘 백성(유대인)을 하나님의 자손으로 말합니다. 왜 그렇습니까?

범죄한 사람을 구원하시기 위해서 하나님이 언약을 세우셨습니다.

> 창 3:15 내가 너로 여자와 원수가 되게 하고 네 후손도 여자의 후손과 원수가 되게 하리니 여자의 후손은 네 머리를 상하게 할 것이요 너는 그의 발꿈치를 상하게 할 것이니라 하시고

> 창 3:15 나는 너를 여자와 원수가 되게 하리라. 네 후손을 여자의 후손과 원수가 되게 하리라 너는 그 발꿈치를 물려고 하다가 도리어 여자의 후손에게 머리를 밟히리라(공동번역)

하나님이 하신 언약을 구체적으로 이루시기 위해서 일방적으로 한 사람을 선택하십니다. 그 사람이 바로 아브라함입니다. 하나님은 아브라함, 이삭, 야곱과 언약하십니다. 야곱의 12지파인 이스라엘 백성과 언약하십니다. 하나님은 언약의 하나님이십니다. 하나님은 언약하신 것을 반드시 이루십니다. 하나님은 언약을 온 세상 모든 사람들과 맺으십니다.

> 요 3:16 하나님이 세상을 이처럼 사랑하사 독생자를 주셨으니 이는 그를 믿는 자마다 멸망하지 않고 영생을 얻게 하려 하심이라

하나님은 누구든지 예수님만 믿으면 하나님의 자녀와 하나님의 백성으로 삼으십니다. 하나님이 보내신 예수님을 믿는 자가 바로 하나님의 택함을 받은 자입니다.

하나님의 택함을 받은 자들은 하나님의 뜻이 무엇인가를 알게 됩

니다. 하나님의 뜻은 무엇입니까? 성경에 하나님의 뜻이 여러 가지로 나타나고 있습니다. 그러나 오늘 말씀에 나타난 하나님의 뜻을 발견해야 합니다.

요 6:40 내 아버지의 뜻은 아들을 보고 믿는 자마다 영생을 얻는 이것이니 마지막 날에 내가 이를 다시 살리리라 하시니라

하나님의 독생자 예수 그리스도를 아는 것과 믿는 것과 주님의 음성을 들으며 살아가는 삶이 하나님의 뜻입니다.

요 10:27 내 양은 내 음성을 들으며 나는 그들을 알며 그들은 나를 따르느니라

내가 알고 있는 하나님은 어떤 하나님이십니까? 종이 위에 적어봅시다.

내가 믿고 있는 하나님은 어떤 하나님이십니까? 언약의 하나님을 알고 믿어야 합니다.

언약의 하나님을 자세히 잘 알지 못하면 하나님이 기뻐하시는 믿음의 삶을 살아갈 수 없습니다.

많은 그리스도인들이 희망하는 믿음의 삶 중에 하나가 무엇입니까? 그리스도인들은 하나님의 뜻대로 살아가는 삶을 갈망합니다. 하나님의 뜻을 어떻게 분별하고 깨달으며 지금까지 살아오고 있습니까?

하나님께서 예수의 이름으로 보내신 보혜사 진리 성령님의 도우심 속에 살아야 합니다. 보혜사 진리 되신 성령님의 도우심을 항상

요청하십시오.

요 14:26 보혜사 곧 아버지께서 내 이름으로 보내실 성령 그가 너희에게 모든 것을 가르치고 내가 너희에게 말한 모든 것을 생각나게 하리라

요 16:13 그러나 진리의 성령이 오시면 그가 너희를 모든 진리 가운데로 인도하시리니 그가 스스로 말하지 않고 오직 들은 것을 말하며 장래 일을 너희에게 알리시리라

오늘 말씀에서 나에게 주시는 메시지는 무엇입니까?

행 22:14 그가 또 이르되 우리 조상들의 하나님이 너를 택하여 너로 하여금 자기 뜻을 알게 하시며 그 의인을 보게 하시고 그 입에서 나오는 음성을 듣게 하셨으니

- 우리 조상의 하나님이란 어떤 하나님이십니까?
- 나를 택하신 하나님은 어떤 하나님이십니까?
- 하나님의 뜻을 분별하며 깨달으며 살아가고 있습니까?
- 오늘도 나에게 말씀하시는 하나님의 음성을 듣고 살아가고 있습니까?

17

누가복음 17장 26-29절

충격을 받지 않는 사람

누가복음 17장 26-29절에서 하나님, 예수님, 성령님, 그리고 사람을 찾아봅니다.

눅 17:26 노아의 때에 된 것과 같이 인자의 때에도 그러하리라

눅 17:27 노아가 방주에 들어가던 날까지 사람들이 먹고 마시고 장가들고 시집가더니 홍수가 나서 그들을 다 멸망시켰으며

눅 17:28 또 롯의 때와 같으리니 사람들이 먹고 마시고 사고 팔고 심고 집을 짓더니

눅 17:29 롯이 소돔에서 나가던 날에 하늘로부터 불과 유황이 비 오듯 하여 그들을 멸망시켰느니라

- 노아의 때에 이루어진 것에 대해서 말씀하시는 예수님 - 노아의 때에 이루어진 일을 알아야 할 사람
- 인자의 때에 이루어질 것에 대해서 말씀하시는 예수님 - 인자의 때에 이루어질 것을 알아야 할 사람

● 노아의 때 - 노아가 방주에 들어가던 날까지 사람들이 먹고 마시고 장가들고 시집가더니 홍수가 나서 그들을 다 멸망시킴

창 7:11 노아가 육백 세 되던 해 둘째 달 곧 그달 열이렛날이라 그날에 큰 깊음의 샘들이 터지며 하늘의 창문들이 열려

창 7:12 사십 주야를 비가 땅에 쏟아졌더라(창 7:11-12, 8:2)

노아의 때를 말씀하시면서 "인자의 때에도 이러하리라"고 말씀하셨습니다. 예수님께서 이 말씀을 하시는 이유와 목적이 무엇입니까? 이는 예수님께서 그리스도인들에게 경고하시는 메시지입니다. 예수님은 노아 때처럼 살아가고 있는 세상의 사람들과 그리스도인들을 지적하십니다.

우리 그리스도인들은 노아의 때에, 노아의 여덟 식구처럼 살아야 합니다. 노아의 여덟 식구는 어떻게 살았습니까? 하나님께서 말씀하신 것을 기억하고 말씀하신 일을 위해서 살아갔습니다. 하지만 세상 모든 사람들 중에 어느 누구 한 사람도 노아의 여덟 식구와 함께하지 않았습니다.

노아의 여덟 식구는 세상의 소리에 귀를 막고 오직 하나님 말씀의 음성을 따라 살아갔습니다.

노아의 여덟 식구는 세상에 눈을 가리고 오직 하나님 말씀의 소망을 보며 살아갔습니다.

노아의 여덟 식구는 세상에 대해 입을 다물고 오직 하나님의 말씀만을 외치며 살아갔습니다.

노아의 여덟 식구는 세상의 모든 가치를 다 버리고 오직 하나님의 말씀의 가치만을 위해 살아갔습니다.

오늘날 그리스도인의 삶은 어떠합니까? 입술로는 이렇게 저렇게 살아가겠노라고 말하지만 실상은 그러하지 못합니다. 한번 조용히 묵상해 보십시오.

- 노아의 여덟 식구가 방주를 완성하고 방주로 들어가는 날 - 방주로 들어가는 시간
- 사람들이 먹고 마시고 장가들고 시집가는 날 - 먹고 마시고 장가들고 시집가는 시간

장소만 다르지 똑같은 시간에 일어나고 있는 현장의 모습을 자세히 묵상해 보세요. 얼마나 무섭고 끔찍하며 놀랄 일입니까? 방주의 문이 닫히는 시간에도 사람들은 먹고 마시고 장가들며 시집가고 있었습니다. 멸망의 날인 줄 모르니까 먹고 마시고 장가들며 시집가는 것입니다.

요나서에 보면 요나가 니느웨 백성들에게 40일이 지나면 니느웨가 멸망한다고 전합니다.

이 소식을 들은 모든 백성들은 하나님 앞에 금식하며 회개합니다.

노아 때의 사람들은 노아의 여덟 식구를 통해서 듣고 보고 살아가는 사람들입니다. 노아 때의 사람들은 모르는 사람들이 아닙니다.

예수님은 롯의 때에 대해서 반복해서 말씀하십니다.

- 롯의 때에 이루어진 일에 대해서 말씀하시는 예수님 - 롯의 때에 이루어진 일을 알아야 할 사람
- 롯의 때 - 사람들이 먹고 마시고 사고 팔고 심고 집을 지음

● 롯이 소돔에서 나가던 날 - 하늘로부터 유황이 비 오듯 하여 그들을 멸망시킴

창 19:24 여호와께서 하늘 곧 여호와께로부터 유황과 불을 소돔과 고모라에 비같이 내리사

창 19:25 그 성들과 온 들과 성에 거주하는 모든 백성과 땅에 난 것을 다 엎어 멸하셨더라

예수님께서는 롯의 때에 대해서 말씀하시면서 "인자의 때에도 이러하리라"고 말씀하셨습니다.

예수님께서 이 말씀을 하시는 이유와 목적이 무엇입니까? 이는 예수님께서 그리스도인들에게 경고하는 메시지입니다. 롯의 때 사람들처럼 살아가고 있는 세상의 사람들을 지적하시고, 그리스도인들조차 롯의 때 사람들처럼 살아가고 있음을 말씀하시는 것입니다. 롯의 때 사람들은 먹고 마시고 사고 팔고 심고 집을 지으며 살았습니다.

소돔이 멸망하던 날에 롯의 식구는 어떻게 하였습니까? 롯의 식구는 노아의 여덟 식구처럼 우리에게 본이 되는 일이 별로 없는 사람들입니다. 천사의 말을 듣고도 이런저런 핑계를 대기도 하고, 멸망의 시간 앞에서도 주저하며 시간을 지연하는 모습을 보이고 있습니다. 그들은 천사의 강제적인 이끌림을 받아 소돔 성에서 나오게 됩니다. 롯의 아내는 천사의 말을 듣고도 순종하지 아니함으로 소금기둥이 되어버렸습니다. 노아의 여덟 식구와는 많은 면이 너무나 다릅니다.

천사의 경고 말씀을 듣고도 순종하지 않는 롯의 아내와 농담으

로 여기는 롯의 사윗감들, 그리고 롯의 반응은 얼마나 믿음 없는 사람의 말과 모습입니까? 예수님께서 노아와 롯을 대조하면서 말씀하신 이유와 목적을 생각해 보면 세상에는 언제나 두 부류의 사람들이 있다는 것을 가르쳐 주시는 것 같습니다.

나는 노아 쪽입니까? 롯 쪽입니까? 어느 쪽에 속해서 살아가고 있습니까?

우리는 심각하고도 냉정하게 나 자신을 점검해 보아야 합니다. 하나님의 말씀을 듣고 기억하며 말씀하신 일을 위해서 살아가고 있습니까?

우리는 노아의 여덟 식구처럼 살아야 합니다. 노아의 여덟 식구는 세상의 소리에 귀를 막고 오직 하나님의 음성을 따라 살아갔습니다. 그들은 세상에 눈을 가리고 오직 하나님 말씀만을 소망으로 삼고 살아갔습니다. 또한 세상에 대해 입을 다물고 오직 하나님의 말씀만을 외치며 살아갔고, 세상의 모든 가치를 버리고 오직 하나님의 말씀의 가치만을 위해 살아갔습니다.

오늘 우리는 이렇게 살아가고 있습니까?

오늘날 그리스도인의 삶은 어떠합니까? 입술로는 이렇게 저렇게 살아가겠노라고 말하지만 실상은 그러하지 못합니다. 한번 조용히 묵상해 보십시오. 오늘도 똑같은 상황이 펼쳐지고 있습니다.

노아의 여덟 식구가 방주를 완성하고 방주로 들어가는 시간에 사람들은 먹고 마시고 장가들고 시집가고 있었습니다. 장소만 다르지, 똑같은 시간에 일어나고 있는 모습을 자세히 묵상해 보십시오. 얼마나 무섭고 끔찍하며 놀랄 일입니까? 방주의 문이 닫히는 시간에도 사람들은 먹고 마시고 장가들고 시집가고 있습니다. 멸망의 날인데도 모르니까 먹고 마시고 장가들고 시집가는 것입니다.

노아의 여덟 식구가 방주로 들어가는 시간에 나는 무엇을 하고 있습니까?

롯이 소돔에서 나오는 시간에 나는 무엇을 하고 있습니까?

오늘 말씀에서 나에게 주시는 메시지는 무엇입니까?

눅 17:26 노아의 때에 된 것과 같이 인자의 때에도 그러하리라

눅 17:27 노아가 방주에 들어가던 날까지 사람들이 먹고 마시고 장가들고 시집가더니 홍수가 나서 그들을 다 멸망시켰으며

눅 17:28 또 롯의 때와 같으리니 사람들이 먹고 마시고 사고 팔고 심고 집을 짓더니

눅 17:29 롯이 소돔에서 나가던 날에 하늘로부터 불과 유황이 비 오듯 하여 그들을 멸망시켰느니라

- 세상 사람들은 어떤 일에 충격을 받습니까?
- 교회 안에 있는 사람들은 어떤 일에 충격을 받습니까?
- 진실된 그리스도인들은 어떤 일에 충격을 받습니까?
- 나는 어떤 일에 충격을 받습니까?
- 구약성경에서 충격적인 사건이 무엇이라고 생각합니까?
- 신약성경에서 충격적인 사건이 무엇이라고 생각합니까?
- 올해에 일어난 사건 중에 가장 충격적인 일은 무엇이라고 생각합니까?
- 앞으로 어떤 일이 나타나야 충격적인 일이라고 말할 수 있겠습니까?

18

누가복음 18장 18절

영생을 갈망하는 사람

누가복음 18장 18절에서 하나님, 예수님, 성령님, 그리고 사람을 찾아봅니다.

> 눅 18:18 어떤 관리가 물어 이르되 선한 선생님이여 내가 무엇을 하여야 영생을 얻으리이까

- 어떤 관리에게 질문을 받으시는 예수님 - 예수님에게 질문해야 할 사람
- 선한 선생님이신 예수님 - 예수님이 선한 선생님이심을 알아야 할 사람
- 영생을 얻는 방법(길)을 아시는 예수님 - 영생을 얻어야 할 사람

예수님에게 질문하고 싶은 것이 무엇입니까? 많은 사람들이 하나님 나라에 가서 하나님께 물어보고 싶은 것이 많다고 합니다. 종이 위에 번호를 적어가면서 물어보고 싶은 것을 모두 다 써 봅시다.

예수님이 누구십니까? 예수님을 누구라고 알고 있으며, 예수님을 누구라고 믿고 있습니까? 여기저기서 들은 예수님을 알고 있다고 착각하는 경우가 있습니다. 여기저기서 들은 예수님을 알고 있을 뿐

아니라 믿고 있다고 착각하는 경우가 있습니다.

내가 알고 있는 예수님에 대해서 종이 위에 번호를 적어가면서 모두 다 써 봅시다. 내가 알고 있는 예수님을 적은 종이에서 내가 진실로 믿고 있는 예수님을 체크해 봅시다. 나와 예수님의 관계를 진솔하게 체크해 보고, 내가 믿고 있는 예수님과 함께 복된 삶을 살아가야 합니다.

> **고후 13:5** 너희는 믿음 안에 있는가 너희 자신을 시험하고 너희 자신을 확증하라 예수 그리스도께서 너희 안에 계신 줄을 너희가 스스로 알지 못하느냐 그렇지 않으면 너희는 버림 받은 자니라

예수님께 질문한 관리처럼 "내가 무엇을 하여야 영생을 얻으리이까?"라는 질문 앞에 대답해 봅시다. 나는 영생을 얻었습니까? 나는 구원을 받았습니까? 영생이란 무슨 말입니까?

> **창 2:7** 여호와 하나님이 땅의 흙으로 사람을 지으시고 생기를 그 코에 불어넣으시니 사람이 생령이 되니라

우리 사람은 육신과 영혼으로 되어 있습니다. 창세기 2장 7절을 보면 육신은 흙으로 만들어졌습니다. 육신에서 영혼이 떠나가면 육신은 흙으로 다시 돌아갑니다. 사람의 영혼은 영원합니다. 사람의 영혼은 죽지 않습니다.

예수님이 재림하실 때에 죽은 자들이 부활합니다. 부활할 때 흙으로 된 육신이 다시 살아나는 것이 아닙니다. 부활의 때에는 부활의 몸으로, 생명의 몸으로, 신령한 몸으로 부활하는 것입니다.

흙으로 된 육신은 시간과 공간의 제한을 받으며 살았습니다. 먹

고 마시고 입고 살았습니다. 하지만 부활의 몸은 시간과 공간의 제한을 받지 않습니다. 먹고 마시고 입고 살지 않습니다. 이 세상의 그 무엇으로도 설명할 수 없습니다. 왜냐하면 이 세상에는 부활의 몸으로, 신령한 몸으로, 생명의 몸으로 되어진 것이 없기 때문이다.

여러분이 참고하실 것은 성경에 기록된 대로 죽으시고 3일 만에 부활하신 예수님을 잘 관찰하여 보아야 합니다. 예수님이 부활하신 몸으로 우리도 부활하는 것입니다. 이것이 조금이나마 이해가 되어야 합니다. 그래야 소망이 있습니다.

예수님을 믿었던 사람은 하나님의 생명을 가진 자입니다. 그렇기 때문에 하나님과 함께, 예수님과 함께 하나님 나라인 천국에서 영원히 산다는 것을 "영생을 얻었다"라고 말하는 것입니다. 예수님을 믿지 않은 자들도 영원히 삽니다. 어디에서 영원히 삽니까? 예수님을 믿지 않은 자는 하나님의 생명을 가지지 않아서 하나님 나라인 천국에서 살지 못하고 다른 곳에서 영원히 삽니다. 그곳을 지옥이라고 합니다. 이것을 멸망 받았다고 하는 것입니다.

요 3:16 하나님이 세상을 이처럼 사랑하사 독생자를 주셨으니 이는 그를 믿는 자마다 멸망하지 않고 영생을 얻게 하려 하심이라

이 세상에 살아 있을 때 예수님을 믿어 영생을 얻은 자가, 죽고 난 후 부활의 때에 생명의 몸으로 부활하여 하나님과 함께, 예수님과 함께 영원히 살 수 있습니다.

내가 살아 있을 때 반드시 점검하며 살아야 할 것이 무엇입니까? '내가 예수님을 믿음으로 하나님의 생명을 가지고 살아가고 있는가?' 하는 것입니다. 이는 천 번, 만 번 강조해도 지나치지 않습니다.

오늘 말씀에서 나에게 주시는 메시지는 무엇입니까?

눅 18:18 어떤 관리가 물어 이르되 선한 선생님이여 내가 무엇을 하여야 영생을 얻으리이까

- 세상 사람들의 가장 큰 관심은 무엇입니까?
- 그리스도인들의 가장 큰 관심은 무엇입니까?
- 나는 영생에 대해 관심을 가지고 살아가고 있습니까?
- 말과 행동이 다르게 살아가는 사람들의 모습을 보십시오.

19

마가복음 1장 1절

하나님의 복음 – 예수 그리스도의 복음

마가복음 1장 1절에 나타난 하나님과 예수님, 그리고 성령님을 찾아봅니다.

막 1:1 하나님의 아들 예수 그리스도의 복음의 시작이라

A. 하나님에 대해서 찾아봅니다

1) 아들이 있으신 하나님

2) 아들에게 예수의 이름을 주신 하나님

3) 그리스도 복음을 주신 하나님

B. 예수님에 대해서 찾아봅니다

1) 아버지 하나님이 있으신 예수님

2) 하나님의 아들이신 예수님

3) 하나님께 이름을 받으신 예수님

4) 그리스도이신 예수님

5) 복음의 시작이신 예수님

A. 하나님에 대해서 적용해 봅니다

1) 아들이 있으신 하나님
2) 아들에게 예수의 이름을 주신 하나님
3) 그리스도 복음을 주신 하나님

1) 아들이 있으신 하나님

하나님께 아들은 어떤 아들입니까? 바로 독생자이신 아들입니다.

요 3:16 하나님이 세상을 이처럼 사랑하사 독생자를 주셨으니 이는 그를 믿는 자마다 멸망하지 않고 영생을 얻게 하려 하심이라

하나님께서는 하나뿐인 독생자를 세상에 보내 주셨습니다. 하나님은 왜 하나뿐인 독생자를 세상에 보내 주셨습니까?

창 3:15 내가 너로 여자와 원수가 되게 하고 네 후손도 여자의 후손과 원수가 되게 하리니 여자의 후손은 네 머리를 상하게 할 것이요 너는 그의 발꿈치를 상하게 할 것이니라 하시고

창 3:15 나는 너를 여자와 원수가 되게 하리라 네 후손을 여자의 후손과 원수가 되게 하리라 너는 그 발꿈치를 물려고 하다가 도리어 여자의 후손에게 머리를 밟히리라(공동번역)

창세기에서 말씀하시는 하나님은 여호와 하나님으로 나타나시고 말씀하셨습니다. 범죄한 아담과 하와에게 말씀하시고, 하나님의 형상으로 지음받은 사람을 범죄에 빠뜨린 사탄을 향해 말씀하셨습니다.

창세기 3장 15절을 우리는 '원시 복음'이라고 합니다. 혹은 '원시 언약'이라고 하기도 합니다. 특히 우리가 기억할 말씀이 있습니다. 바로 여자의 후손이라는 말입니다.

여자의 후손이라는 말을 얼마나 알고 있습니까? 얼마나 깨닫고 있습니까?

이사야 선지자를 통해서 여자의 후손에 대해 말씀하십니다.

사 7:14 그러므로 주께서 친히 징조를 너희에게 주실 것이라 보라 처녀가 잉태하여 아들을 낳을 것이요 그 이름을 임마누엘이라 하리라

처녀가 잉태하여 아들을 낳는다고 말씀하고 있습니다. 처녀가 어떻게 잉태한단 말입니까? 이에 대해 얼마나 알고, 얼마나 깨닫고, 믿었을까요? 이 일은 전무후무한 일이기 때문입니다. 듣지도 보지도 못한 일이었을 것입니다. 의학적으로, 과학적으로, 세상적으로 그 무엇으로도 이해가 안 되는 말이기 때문입니다.

이 일을 직접 당해본 요셉과 마리아가 있습니다. 요셉과 마리아는 천사의 말을 듣고 하나님의 방법을 듣습니다. 성령으로 잉태된다는 것에 대해서 이해가 되었을까요? 성령으로 잉태된다는 것을 누가 어떻게 설명하겠습니까?

이것은 설명할 수 없는 일이고, 믿음의 일입니다. 얼마나 믿기 힘들겠습니까? 하나님이 누구신가를 잘 알고 또 알고, 깨닫고 또 깨닫고, 믿고 또 믿어야 하는 일 아닙니까? 사람들에게 들어서 알기는 알지만, 들었다고 해서 모두 믿어지는 것은 아닙니다.

요셉과 마리아의 믿음이 얼마나 놀라운 믿음인가를 알게 되는 말씀입니다.

그들의 믿음은 하나님을 믿는 믿음이었습니다. 하나님은 언약의 하나님이시라는 것을 알아야 하고 믿어야 합니다. 언약하신 여호와 하나님은 말씀하신 것을 반드시 이루시는 하나님이시라는 것을 믿어야 합니다.

성경에 보면 여호와 하나님, 언약하신 하나님을 알고 믿고 산 사람들이 있음을 발견하게 됩니다.

요 3:17 하나님이 그 아들을 세상에 보내신 것은 세상을 심판하려 하심이 아니요 그로 말미암아 세상이 구원을 받게 하려 하심이라

2) 아들에게 예수의 이름을 주신 하나님

하나님은 아들에게 왜 예수라는 이름을 주셨습니까? 요셉에게 이렇게 가르쳐 주셨습니다.

마 1:21 아들을 낳으리니 이름을 예수라 하라 이는 그가 자기 백성을 그들의 죄에서 구원할 자이심이라 하니라

마리아에게 이렇게 가르쳐 주셨습니다.

눅 1:31 보라 네가 잉태하여 아들을 낳으리니 그 이름을 예수라 하라

눅 1:32 그가 큰 자가 되고 지극히 높으신 이의 아들이라 일컬어질 것이요 주 하나님께서 그 조상 다윗의 왕위를 그에게 주시리니

눅 1:33 영원히 야곱의 집을 왕으로 다스리실 것이며 그 나라가 무궁하리라

눅 1:35 천사가 대답하여 이르되 성령이 네게 임하시고 지극히 높으신 이의 능력이 너를 덮으시리니 이러므로 나실 바 거룩한 이는 하나님의 아들이라 일컬어지리라

예수님은 아버지의 이름으로 오셨고, 아버지의 이름으로 행하셨습니다.

요 3:18 그를 믿는 자는 심판을 받지 아니하는 것이요 믿지 아니하는 자는 하나님의 독생자의 이름을 믿지 아니하므로 벌써 심판을 받은 것이니라

요 5:43 나는 내 아버지의 이름으로 왔으매 너희가 영접하지 아니하나 만일 다른 사람이 자기 이름으로 오면 영접하리라

요 10:25 예수께서 대답하시되 내가 너희에게 말하였으되 믿지 아니하는도다 내가 내 아버지의 이름으로 행하는 일들이 나를 증거하는 것이거늘

요 17:11 나는 세상에 더 있지 아니하오나 그들은 세상에 있사옵고 나는 아버지께로 가옵나니 거룩하신 아버지여 내게 주신 아버지의 이름으로 그들을 보전하사 우리와 같이 그들도 하나가 되게 하옵소서

요 17:26 내가 아버지의 이름을 그들에게 알게 하였고 또 알게 하리니 이는 나를 사랑하신 사랑이 그들 안에 있고 나도 그들 안에 있게 하려 함이니이다

3) 그리스도 복음을 주신 하나님

그리스도란 '기름 부음을 받은 자'라는 뜻을 가지고 있습니다.

성경을 살펴보면 선지자, 제사장, 왕이 기름 부음을 받았습니다.

예수 그리스도는 마지막 선지자이시고, 큰 대제사장이시며, 만왕의 왕이십니다.

복음이란, 기쁜 소식이라고 잘 알고 있습니다. 왜 복음을 기쁜 소식이라고 합니까?

예수님이 바로 복음이십니다. 예수님은 멸망과 죄, 죽음과 저주에서 우리를 구원할 자이시기 때문입니다. 하나님이 언약하신 대로 독생자 예수 그리스도를 세상에 보내 주신 것입니다.

예수님은 하나님의 언약을 이루시기 위해 아버지의 이름으로 이 세상에 오셔서 하나님이 언약하신 대로 하나님의 형상대로 지음받은 사람을 구원하시고 사탄을 멸하시는 일을 하신 것입니다.

이 복음을 하나님은 선지자들을 통해서 미리 알리신 것입니다(롬 1:2-4).

롬 1:2 이 복음은 하나님이 선지자들을 통하여 그의 아들에 관하여 성경에 미리 약속하신 것이라

롬 1:3 그의 아들에 관하여 말하면 육신으로는 다윗의 혈통에서 나셨고

롬 1:4 성결의 영으로는 죽은 자들 가운데서 부활하사 능력으로 하나님의 아들로 선포되셨으니 곧 우리 주 예수 그리스도시니라

롬 1:16 내가 복음을 부끄러워하지 아니하노니 이 복음은 모든 믿는 자에게 구원을 주시는 하나님의 능력이 됨이라 먼저는 유대인에게요 그리고 헬라인에게로다

롬 1:17 복음에는 하나님의 의가 나타나서 믿음으로 믿음에 이르게 하나니 기록된바 오직 의인은 믿음으로 말미암아 살리라 함과 같으니라

B. 예수님에 대해서 적용해 봅니다.

1) 아버지 하나님이 있으신 예수님
2) 하나님의 아들이신 예수님
3) 하나님께 이름을 받으신 예수님
4) 그리스도이신 예수님
5) 복음의 시작이신 예수님

1) 아버지 하나님이 있으신 예수님

예수님은 하나님을 아버지로 두셨고, 아버지 하나님에 대해서 잘 알고 있습니다.

예수님은 아버지 하나님과 하나가 되셨습니다. 이름으로 하나가 되셨고, 생명으로 하나가 되셨습니다.

예수님은 아버지 하나님의 모든 것을 다 알고 계셨습니다. 하나님은 아들 예수님에게 모든 것을 다 알게 해 주셨습니다.

나는 하나님과 무슨 관계에 있습니까? 왜 그렇다고 생각합니까? 성경적인 근거로 말해 보십시오.

하나님과 내가 하나라고 생각합니까? 예수의 이름으로 하나가 됩니다. 생명으로 하나가 됩니다.

나는 하나님을 아버지라고 부릅니까? 예수님처럼 하나님 아버지의 모든 것을 알고 있습니까?

하나님 아버지에 대해서 알고 있다면 얼마나 알고 있습니까? 아는 것에 대해서 기록해 보십시오.

성경에 나타난 것과 비교해 보십시오. 정확하게, 자세하게 알고 있는지 확인해 보십시오.

2) 하나님의 아들이신 예수님

예수님은 하나님의 아들이라는 신분을 가지셨습니다. 나는 하나님으로부터 받은 신분이 무엇입니까?

예수님은 하나님의 아들 역할을 충성되이 잘 감당하셨습니다. 하나님께 받은 사명을 잘 완수하셨습니다.

하나님께서 나에게 주신 사명은 무엇입니까? 하나님이 주신 사명을 어떻게 감당하며 살아가고 있는지 평가한다면 어떤 평가를 할 수 있겠습니까?

사명을 잘 감당하고 있다면 어떤 점에서 그렇다고 생각합니까?

사명을 잘 감당하지 못하고 있다면 어떤 점에서 그렇다고 생각합니까?

그렇다면 사명을 잘 감당하기 위해서는 앞으로 어떻게 해야 할까요?

3) 하나님께 이름을 받으신 예수님

예수님은 하나님이 주신 아버지의 이름을 받으셨습니다. 아버지의 이름으로 아버지가 주신 사명을 잘 감당하라고 주신 것입니다. 예수님은 아버지의 이름으로 하나님이 주신 사명을 다 이루셨다고 십자가상에서 고백하십니다.

하나님과 예수님도 나에게 예수의 이름을 주셨습니다. 예수의 이름에 대해서 알고 있습니까?

골 1:26 이 비밀은 만세와 만대로부터 감추어졌던 것인데 이제는 그의 성도들에게 나타났고

골 1:27 하나님이 그들로 하여금 이 비밀의 영광이 이방인 가운데 얼마나 풍성한지를 알게 하려 하심이라 이 비밀은 너희 안에 계신 그리스도시니 곧 영광의 소망이니라

나는 하나님으로부터 무엇을 받았습니까? 하나님으로부터 받은 것을 어떻게 하고 있습니까?

성경은 30배, 60배, 100배의 결실을 말하고 있습니다. 한 달란트, 두 달란트, 다섯 달란트 비유로 말씀하고 있습니다.

4) 그리스도이신 예수님

예수님은 그리스도의 직분을 가지셨습니다. 그리스도란 '기름 부음을 받은 자'라는 뜻을 가지고 있습니다.

성경에 보면 선지자에게, 제사장에게, 왕에게 기름을 부었습니다.

예수 그리스도는 마지막 선지자이시자 큰 대제사장, 만왕의 왕이십니다.

나는 하나님께로부터 어떤 직분을 받았습니까?

하나님께로부터 받은 직분을 어떻게 사용하며 살아가고 있습니까?

5) 복음의 시작이신 예수님

하나님이 미리 정하신 복음이 때가 되매 나타난 것입니다. 이 복음은 모세와 선지자들을 통해 말과 글로 증거되었습니다. 예수 그리스도는 성경을 응하신 분입니다. 하나님의 언약, 두 번째 언약, 새 언약을 이루러 오신 분입니다.

복음 - 생명 - 진리 - 빛 - 구원 - 은혜 - 사랑 - 축복

예수 그리스도는 하나님의 아들이십니다. 나는 누구의 아들딸입니까? 하나님께서 예수 그리스도를 아들로 인정하십니다.

하나님은 나를 아들딸로 인정하십니까?

그 근거는 무엇입니까?

왜 예수 그리스도를 복음의 시작이라고 합니까?

나에게 복음의 시작은 언제입니까?

복음의 끝은 언제입니까?

복음과 어떤 관계를 맺고 있습니까?

복음이란 무엇입니까?

하나님의 아들, 예수 그리스도의 복음이라는 의미는 무엇입니까?

선지자들의 글을 보십시오. 선지자들이 무엇을 말하고 있는가를 들으십시오. 선지자가 하는 말을 들으면 하나님이 하시고자 하는 것이 무엇인지 알 수 있습니다. 성경을 보십시오. 그래야 하나님의 뜻과 계획, 일, 하나님의 마음을 알 수 있습니다.

구약성경에서 선지자들이 말한 복음의 모든 것은 복음의 시작이

신 예수 그리스도에 대해서 말한 것입니다. 하나님의 아들이라야 복음입니다. 하나님의 아들이 아니면 복음이 아닙니다. 그러므로 하나님의 아들 예수 그리스도에 대해서 잘 알아야 합니다. 그래야 복음을 잘 알 수 있게 됩니다.

시작이 있으면 끝이 있습니다. 어떻게 시작되었으며 어떻게 끝이 됩니까? 알파와 오메가 되시는 하나님이십니다.

예수 그리스도가 복음이고 생명이며 길과 진리입니다. 예수 그리스도가 시작입니다. 내 안에 계신 예수 그리스도를 나타내는 것, 보여주는 것이 복음 전파입니다.

> 엡 1:3 찬송하리로다 하나님 곧 우리 주 예수 그리스도의 아버지께서 그리스도 안에서 하늘에 속한 모든 신령한 복을 우리에게 주시되

> 엡 1:4 곧 창세 전에 그리스도 안에서 우리를 택하사 우리로 사랑 안에서 그 앞에 거룩하고 흠이 없게 하시려고

> 엡 1:5 그 기쁘신 뜻대로 우리를 예정하사 예수 그리스도로 말미암아 자기의 아들들이 되게 하셨으니

> 엡 1:6 이는 그가 사랑하시는 자 안에서 우리에게 거저 주시는 바 그의 은혜의 영광을 찬송하게 하려는 것이라

창세기 3장 15절에 보면 에덴동산에서 하나님이 미리 정하신 것입니다.

창 3:15 내가 너로 여자와 원수가 되게 하고 네 후손도 여자의 후손과 원수가 되게 하리니 여자의 후손은 네 머리를 상하게 할 것이요 너는 그의 발꿈치를 상하게 할 것이니라 하시고

창 3:15 나는 너를 여자와 원수가 되게 하리라 네 후손을 여자의 후손과 원수가 되게 하리라 너는 그 발꿈치를 물려고 하다가 도리어 여자의 후손에게 머리를 밟히리라(공동번역)

오늘 말씀에서 나에게 주시는 메시지는 무엇입니까?

막 1:1 하나님의 아들 예수 그리스도의 복음의 시작이라

- 창세기 3장 15절을 최초의 언약 혹은 최초의 복음이라고 합니다.
- 복음이신 예수 그리스도는 여자의 후손 혹은 처녀의 몸으로 세상에 오셨습니다.
- 예수님만이 복음이십니다.
- 하나님이 주신 복음이 예수 그리스도입니다.
- 다른 복음, 다른 예수, 다른 영을 믿는 자들이 있습니다. 이를 조심해야 합니다.

20

마태복음 5장 1-2절

무리인가? 제자인가?

마태복음 5장 1-2절에서 나타난 하나님과 예수님, 그리고 성령님을 찾아봅니다.

마 5:1 예수께서 무리를 보시고 산에 올라가 앉으시니 제자들이 나아온지라

마 5:2 입을 열어 가르쳐 이르시되

예수님에 대해서 찾아봅니다

1) 무리를 보신 예수님
2) 산에 올라가 앉으신 예수님
3) 제자들이 있으신 예수님
4) 입을 열어 가르치시는 예수님

예수님 앞에 두 종류의 사람이 있습니다. 먼저 열두 명의 제자들이 있고, 수많은 무리가 있습니다. 두 종류의 사람이 가진 공통점은 예수님을 따라 산에 왔다는 것입니다. 그들은 무슨 이유와 목적으로 왔을까요? 그들은 예수님의 말씀을 들어도 잘 알아듣지 못하고 깨닫지 못했습니다.

제자들은 예수님의 부르심을 받은 자들이고, 택함을 받은 자들입니다. 반면에 무리들은 자기들 마음대로였습니다. 가고 싶으면 가고, 가기 싫으면 안 가도 되는 이들이었습니다. 항상 큰 무리가 예수님을 따라다녔습니다. 각자 여러 가지 이유와 목적들이 있었습니다.

예수님은 언제 어디서든지 기회만 되면 사람들을 가르치셨습니다. 산, 바닷가, 회당, 성전, 집 안, 들, 길, 우물가, 배 등 다양한 장소에서 말씀하셨습니다. 예수님께서 산 위에서 가르치신 내용이 마태복음 5-7장에 기록되어 있습니다. 예수님께서 몇 시간 동안 가르치셨을지 생각해 보십시오.

오늘날 이런 장소에서 예수님께서 가르치신다면 과연 몇 명이나 올까요? 사람들은 몇 시간 정도 예수님과 함께 있을까요? 나는 이러한 장소에 말씀을 들으려고 가겠습니까? 몇 시간 정도 투자하겠습니까? 사람들은 조금만 불편해도 이것저것 따지면서 가지 않을 것입니다. 또 몇 시간 정도 가르치시는지를 보고 너무 긴 시간이라고 생각되면 가지 않을 것입니다.

예수님께서 마태복음 5-7장을 말씀하시고 가르치시려면 적어도 3시간 이상의 시간이 필요했을 것입니다. 사람들은 3시간 정도 야외에서, 산에서, 불편한 장소에서 있어야 합니다. 예수님께서 말씀하시고 가르치시는 현장에서 가끔 너무 많은 시간을 보내다 보니 때때로 밥을 먹어야 하는 시간(점심, 저녁)을 놓치는 경우도 있었습니다.

요즘은 예배드리는 시간이 짧아야 합니다. 예배드리는 장소에 의자도 좋아야 하고, 여름에는 시원하고, 겨울에는 따뜻해야 합니다. 무엇보다 예배드리는 시간이 짧아야 합니다. 왜 그럴까요? 대답해보십시오.

개인적으로 성경을 보고 배우는 시간은 어느 정도 됩니까? 개인적으로 하늘에 대답해 보십시오.

개인적으로 기도하는 시간은 어느 정도 됩니까? 개인적으로 하나님께 대답해 보십시오.

개인적으로 복음을 전파하는 시간은 어느 정도 됩니까? 개인적으로 땅에 대답해 보십시오.

예수님께서는 산에서 제자들과 무리에게 무엇을 가르치셨습니까? 바로 율법과 복음을 가르치셨습니다. 제자들과 무리들은 율법에 대해서 많이 듣고 배우고 어느 정도 잘 아는 사람들이었습니다. 잘 알고 있는 율법을 복음과 비교하면서 대조하면서 가르치신 것입니다. 그들은 유대인으로 태어났으니 자동적으로 율법을 듣고 배우며 율법 속에서 살아가는 사람들이 된 것입니다.

하나님 앞에서 나는 누구입니까? 하나님 앞에서 나는 어떻게 살아야 합니까? 나는 하나님이 필요로 하는 사람으로 살아가는 존재입니까?

마태복음 5장에 나타난 팔복의 말씀은 예수님이 이 세상에서 사역하실 일에 대한 말씀입니다. 제자들과 무리들은 유대인들, 이스라엘 백성들, 아브라함의 자손들, 구원받은 백성들이었습니다. 종교 지도자들과 유대인들을 통해서 나타난 현실은 구원받지 못한 자들의 모습이었습니다.

예수님께서는 "심령이 가난한 자들, 애통하는 자들, 온유한 자들, 의에 주리고 목마른 자들, 긍휼히 여기는 자들, 마음이 청결한 자들, 화평하게 하는 자들, 의를 위하여 박해를 받은 자들, 하나님의 백성으로 천국 백성의 정체성을 가지고 살라, 성령의 역사하심을 통해 하나님의 생명을 가지고 살아가는 하나님의 자녀가 되라"고 말씀하셨습니다.

나는 하나님의 생명을 가진 자입니까? 나는 하나님의 생명으로 살아가는 자입니까? 하나님의 생명을 가진 자요, 하나님의 생명으로 살아가는 자라면 하나님의 생명의 열매를 맺으면서 살아가고 있습니까? 무슨 열매든지 맺은 열매에 대해서 말해 보십시오.

많은 사람들이 왕도 아니면서 왕처럼 살려고 합니다.

많은 사람들이 왕비도 아니면서 왕비처럼 살려고 합니다.

많은 사람들이 왕자도 아니면서 왕자처럼 살려고 합니다.

많은 사람들이 공주도 아니면서 공주처럼 살려고 합니다.

사탄과 마귀와 죄의 종들이었던 사람들이 착각에서 벗어나야 합니다.

깊이 생각하고 높이 생각해 봅시다. 그리고 잘 삽시다.

오늘 말씀에서 나에게 주시는 메시지는 무엇입니까?

마 5:1 예수께서 무리를 보시고 산에 올라가 앉으시니 제자들이 나아온지라

마 5:2 입을 열어 가르쳐 이르시되

- 제자의 삶을 살아가고 있습니까, 무리의 삶을 살아가고 있습니까?
- 예수님으로부터 가르침을 잘 받으며 살아가고 있습니까?
- 예수님을 왜 따르고 있습니까? 그 이유와 목적이 무엇입니까?

21

마태복음 5장 3절

마음의 눈으로

마태복음 5장 3절에 나타난 하나님과 예수님, 그리고 성령님을 찾아봅니다.

마 5:3 심령이 가난한 자는 복이 있나니 천국이 그들의 것임이요

- 심령이 가난한 자가 되라고 하시는 예수님
- 복이 있는 자가 되라고 하시는 예수님
- 천국을 소유한 자가 되라고 하시는 예수님

가난한 심령(마음)이란 어떤 상태의 심령(마음)을 말하는 것입니까?

심령(마음)을 어떻게 가난하게 만들 수 있을까요?

심령(마음)이 가난해야 천국에 들어갈 수 있습니다. 이런 사람이 복이 있다는 것입니다.

가난이란 없는 것을 말합니다. 돈이 없으면 돈의 가난, 옷이 없으면 옷의 가난, 지식이 없으면 지식의 가난, 믿음이 없으면 믿음의 가난이라고 합니다.

우리의 심령(마음)에는 무엇이 있습니까?

심령(마음)에 무엇이 없어야 가난한 심령(마음)이라고 할까요?

"심령을 가난하게 하라. 천국이 너희 것이다."

가난한 심령이란 어떤 상태의 심령일까요?

마음을 어떻게 가난하게 만들 수 있을까요? 마음이 가난해야 천국이 나의 것이 됩니다.

사 29:13 주께서 이르시되 이 백성이 입으로는 나를 가까이하며 입술로는 나를 공경하나 그들의 마음은 내게서 멀리 떠났나니 그들이 나를 경외함은 사람의 계명으로 가르침을 받았을 뿐이라

막 8:17 예수께서 아시고 이르시되 너희가 어찌 떡이 없음으로 수군거리느냐 아직도 알지 못하며 깨닫지 못하느냐 너희 마음이 둔하냐

심령이 가난한 상태여야 천국에 들어갈 수 있습니다.

천국에 가는 길, 천국에 가는 방법은 하나님이 주신 모든 것을 다 받아들이는 사람이 되는 것입니다. 즉 할례받은 마음, 부드러운 마음, 물과 성령으로 거듭난 마음(영혼)을 가질 때 가능합니다.

신 30:6 네 하나님 여호와께서 네 마음과 네 자손의 마음에 할례를 베푸사 네게 마음을 다하며 뜻을 다하여 네 하나님 여호와를 사랑하게 하사 네게 생명을 얻게 하실 것이며

삼상 10:9 하나님이 새 마음을 주셨고

오늘 말씀에서 나에게 주시는 메시지는 무엇입니까?

마 5:3 심령이 가난한 자는 복이 있나니 천국이 그들의 것임이요

- 나의 심령 상태는 어떠합니까?
- 노아의 시대에 사람들의 심령 상태는 어떠하였습니까?
- 롯의 시대에 사람들의 심령 상태는 어떠하였습니까?
- 현대인들의 심령 상태는 어떠하다고 말할 수 있습니까?
- 그리스도인들의 심령 상태는 어떠하다고 말할 수 있습니까?

22

마태복음 5장 4절

왜 애통하는가?

마태복음 5장 4절에 나타난 하나님과 예수님, 그리고 성령님을 찾아봅니다.

마 5:4 애통하는 자는 복이 있나니 그들이 위로를 받을 것임이요

- 애통하는 자가 되라고 하시는 예수님
- 복이 있는 자가 되라고 하시는 예수님
- 위로를 받을 것이라고 하시는 예수님

지금 예수님 앞에 앉아 있는 무리들은 애통하며 살아가는 사람들입니다. 이 무리들은 영적으로, 육적으로 애통해할 일이 많은 사람들입니다. 그 당시는 영적으로 타락한 종교 지도자들로 가득한 시대였고, 육적으로 로마의 지배를 받으며 고통 속에 살아가는 세상이었습니다. 이런 세상에 살고 있는 무리들에게 예수님께서는 "애통하는 자가 복이 있다"라고 말씀하셨습니다. 예수님의 말씀을 듣고 있는 무리들은 예수님의 말씀을 어떻게 듣고 어떻게 이해했을까요?

사람이 살면서 당하는 애통을 두 가지로 나눌 수 있습니다. 하

나는 육적인(세상적인) 애통이 있고, 하나는 영적인 애통이 있습니다. 사람마다 애통해하는 기준이 다릅니다. 애통해하는 일도 다릅니다. 성경에서 이 세상은 멸망의 날까지 애통이 멈추지 않는다고 말씀하고 있습니다.

오늘 예수님이 말씀하시는 애통하는 자는 어떤 사람인가요?

복이 있는 자는 어떤 일로 애통하는 자입니까?

무엇이 애통입니까? 왜 애통합니까? 언제 애통합니까?

예수님이 말씀하시는 애통이란 무엇입니까?

우리는 무엇 때문에 애통해야 합니까? 언제 애통합니까? 왜 애통해야 합니까?

애통을 하는 이유와 목적이 무엇입니까?

대부분 사람들은 무엇 때문에 애통해하며 살아갑니까?

하나님 나라와 그의 의를 위하여 애통합니까? 아니면 썩어지고 더러워지며 쇠하여지는 일로 애통합니까? 애통하는 자의 마음은 하나님의 마음, 예수님의 마음, 성령님의 마음을 의미합니다.

이러한 마음으로 산 사람들이 있습니다. 바로 스데반(일반인)과 바울(사역자)입니다.

오늘 말씀에서 나에게 주시는 메시지는 무엇입니까?

마 5:4 애통하는 자는 복이 있나니 그들이 위로를 받을 것임이요

- 애통해 본 일이 있습니까? 왜 애통해 보았습니까?
- 사람들은 왜 애통해하며 살아갑니까?
- 그리스도인들은 왜 애통해야 합니까?

23

마태복음 5장 5절

온유한 자가 받을 땅

마태복음 5장 5절에 나타난 하나님과 예수님, 그리고 성령님을 찾아봅니다.

마 5:5 온유한 자는 복이 있나니 그들이 땅을 기업으로 받을 것임이요

시 37:11 그러나 온유한 자들은 땅을 차지하며 풍성한 화평으로 즐거워하리로다

- 온유한 자가 되라고 하시는 예수님
- 복이 있는 자가 되라고 하시는 예수님
- 땅을 기업으로 받으라고 하시는 예수님

온유란 무엇입니까? 어떤 상태를 온유라고 합니까?

온유의 기준은 누가 무엇으로 정합니까? 온유의 기준은 하나님이 정하십니다.

죄를 범한 죄인은 악한 자입니다. 온유한 자는 한 분 예수님이십니다.

마 11:29 나는 마음이 온유하고 겸손하니 나의 멍에를 메고 내게 배우라

예수님께서 "나는 마음이 온유하다"라고 말씀하셨습니다. 예수님을 보면 온유가 무엇인가를 배울 수 있습니다. 세상의 모든 사람에 대해 로마서 3장 10-12절에서 말씀하고 있습니다.

롬 3:10 기록된바 의인은 없나니 하나도 없으며

롬 3:11 깨닫는 자도 없고 하나님을 찾는 자도 없고

롬 3:12 다 치우쳐 함께 무익하게 되고 선을 행하는 자는 없나니 하나도 없도다

롬 5:12 그러므로 한 사람으로 말미암아 죄가 세상에 들어오고 죄로 말미암아 사망이 들어왔나니 이와 같이 모든 사람이 죄를 지었으므로 사망이 모든 사람에게 이르렀느니라

'온유' 하면 떠오르는 사람이 모세입니다. 하나님께서 '모세는 온유함이 지면의 모든 사람보다 많다'라고 인정하셨습니다.

민 12:3 이 사람 모세는 온유함이 지면의 모든 사람보다 더하더라

고린도전서 13장 4절에 보면 "사랑은 오래 참고 사랑은 온유하며"라고 기록되어 있습니다.

물과 성령으로 거듭난 사람, 성령으로 하나님이 주신 선물을 받은 사람, 마음의 할례를 받은 사람이 온유하다는 것입니다. 즉 하나

님을 믿는 자를 말하는 것입니다. 온유하지 않으면 하나님을 믿을 수 없습니다. 하나님을 믿지 않는 자는 온유하지 못한 자들입니다. 온유한 자들은 아브라함의 믿음으로 살아가는 사람을 말하는 것입니다. 온유한 마음은 심령이 가난한 것과 동일합니다.

이 세상의 역사는 전쟁의 역사입니다. 전쟁은 땅을 빼앗기 위해서 하는 것입니다.

세계에서 땅이 가장 큰 나라로 러시아, 캐나다, 미국이 있습니다. 구약성경을 보면 하나님께서 이스라엘 백성에게 가나안 땅을 주십니다. 이스라엘 백성들도 전쟁을 합니다. 그들은 왜 전쟁을 합니까? 이스라엘 백성들은 뭐라고 합니까? 여호와 하나님께서 우리 조상에게 약속한 땅을 주겠다고 해서 전쟁을 하는 것입니다. 온유한 자는 하나님을 창조자, 주권자, 세상의 주인으로 알고 믿는 자입니다.

이 세상 전부를 다 차지한 사람이 누구입니까? 노아의 여덟 식구입니다. 그들은 세상 전부를 다 가진 사람이었습니다. 노아의 여덟 식구는 온유한 사람들이었습니다.

온유한 사람은 어떤 사람입니까? 언약의 하나님을 알고 언약의 하나님을 믿는 사람입니다. 그냥 믿음의 사람이 아닙니다. 무엇을 왜 믿는지 알지도 못하고 믿는 자가 아닙니다.

"나는 마음이 온유하고 겸손하니 나의 멍에를 메고 내게 배우라"는 말씀에서 '온유하고 겸손하다'는 말이 무슨 말씀입니까? 잘못을 지적할 때에 "나는 아무것도 모르는 사람입니다"라고 입을 다무는 사람입니다. 이것이 온유한 것이라고 주님은 말씀하십니다.

오늘 말씀에서 나에게 주시는 메시지는 무엇입니까?

마 5:5 온유한 자는 복이 있나니 그들이 땅을 기업으로 받을 것임이요

시 37:11 그러나 온유한 자들은 땅을 차지하며 풍성한 화평으로 즐거워하리로다

- 온유의 기준을 누가 정합니까?
- 온유의 기준이 무엇입니까?
- 온유하지 않으면 예수 그리스도를 믿을 수 없습니다
- 세상의 땅은 사나운 자들, 싸움을 잘하는 자들, 전쟁을 잘하는 자들이 차지합니다
- 세상에서 가장 땅이 큰 나라가 러시아, 캐나다, 미국이라고 합니다
- 온유한 자에게 누가 땅을 기업으로 줍니까?
- 노아의 여덟 식구는 온 세상을 다 차지하였습니다. 그들은 세상의 주인이 되었습니다
- 온유한 자는 하나님을 믿는 자, 하나님의 말씀에 순종하는 자입니다
- 땅 빼앗기 하는 자들은 누구입니까?

24

마태복음 5장 6절

의를 갈망하는 사람

마태복음 5장 6절에 나타난 하나님과 예수님, 그리고 성령님을 찾아봅니다.

마 5:6 의에 주리고 목마른 자는 복이 있나니 그들이 배부를 것임이요

- 의에 배고프고 의에 목마른 자가 되라고 하시는 예수님
- 복이 있는 자가 되라고 하시는 예수님
- 배부름을 받을 것이라고 하시는 예수님

의에 배고프고 의에 목마름이란, 육신의 배고픔과 목마름이 아닙니다. 영적인 배고픔과 목마름을 말하고 있습니다. 우리는 육신의 배고픔과 목마름을 알고 배고플 때 먹을 것을 찾고 목마를 때 마실 것을 찾습니다.

영적인 배고픔과 목마름을 알고 느낍니까?

영적인 배고픔과 목마름을 알지 못하는 사람이라면 이 사람은 영적인 생명이 없는 사람입니다.

육신의 배고픔과 목마름을 아는 사람은 생명을 가진 사람입니다.

육신의 배고픔과 목마름을 알지 못하는 사람이라면 생명을 가진 사람이 아닐 것입니다.

육신의 생명을 가진 자는 배고픔과 목마름을 알고 먹을 것과 마실 것을 먹고 마십니다.

영적인 생명을 가진 자는 배고픔과 목마름을 알고 먹을 것과 마실 것을 먹고 마실 것입니다.

시 42:1 하나님이여 사슴이 시냇물을 찾기에 갈급함같이 내 영혼이 주를 찾기에 갈급하니이다

시 42:2 내 영혼이 하나님 곧 살아 계시는 하나님을 갈망하나니 내가 어느 때에 나아가서 하나님의 얼굴을 뵈올까

시 42:3 사람들이 종일 내게 하는 말이 네 하나님이 어디 있느뇨 하오니 내 눈물이 주야로 내 음식이 되었도다

성경에는 육신과 영혼이 살아 있는 사람들의 갈망과 사모함에 대해서 많이 설명해 주고 있습니다. 나는 육신과 영혼이 살아 있다는 것을 어떻게 알고 있습니까?

예를 들어, 형광등에 불을 켜는데 스위치를 올려도 불이 들어오지 않을 때 전기가 들어오지 않는다고 말합니다. 전기 다리미에 불이 들어오지 않으면 전기가 들어오지 않는다고 말합니다. 전기가 형광등에 나타날 때는 빛으로 나타나고, 전기가 전기 다리미에 나타날 때는 열로 나타납니다. 그러니까 전기와 빛과 열은 하나입니다. 보이지 않는 전기가 밝은 빛으로, 뜨거운 열로 나타나서 우리에게 표현되어지고 알게 됩니다. 전기가 빛으로, 열로 다양하게 나타나듯이

하나님의 생명도 다양한 방법으로 나타나서 하나님의 생명인 것을 알게 되고 또 각종 열매로 나타나 알게 됩니다.

이 세상에는 세상의 의에 주리고 목마른 사람들의 몸부림이 멈추지 않고 있습니다. 많은 사람들이 세상의 여러 가지 일에 대해서 다양하게 주장합니다.

그렇다면 의에 주리고 목마름이란 무엇입니까? 의에 배고픔과 목마름을 어떻게 압니까?

의에는 세상의 의와 하나님의 의가 있습니다. 의의 배고픔과 목마름은 심령과 영혼의 어떤 상태를 말합니까? 나는 의의 배고픔과 목마름을 느낍니까? 어떻게 알 수 있습니까? 의의 배고픔과 목마름을 느낄 때 어떻게 합니까? 무엇으로, 어떻게 해결합니까?

마 6:33 그런즉 너희는 먼저 그의 나라와 그의 의를 구하라 그리하면 이 모든 것을 너희에게 더하시리라

요한복음 4장을 보면, 예수님께서 수가성 여인의 배고픔과 목마름의 문제를 해결해 주십니다.

요한복음 4장과 6장을 자세히 관찰해 보시기 바랍니다.

이사야 55장 1-3절을 자세히 관찰해 보시기 바랍니다.

사 55:1 오호라 너희 모든 목마른 자들아 물로 나아오라 돈 없는 자도 오라 너희는 와서 사 먹되 돈 없이, 값 없이 와서 포도주와 젖을 사라

사 55:2 너희가 어찌하여 양식이 아닌 것을 위하여 은을 달아 주며 배부르게 하지 못할 것을 위하여 수고하느냐 내게 듣고 들을지어다 그리하면 너희

가 좋은 것을 먹을 것이며 너희 자신들이 기름진 것으로 즐거움을 얻으리라

사 55:3 너희는 귀를 기울이고 내게로 나아와 들으라 그리하면 너희의 영혼이 살리라 내가 너희를 위하여 영원한 언약을 맺으리니 곧 다윗에게 허락한 확실한 은혜이니라

오늘 말씀에서 나에게 주시는 메시지는 무엇입니까?

마 5:6 의에 주리고 목마른 자는 복이 있나니 그들이 배부를 것임이요

- 의를 먹고 사는 사람과 의를 마시고 사는 사람은 누구입니까?
- 세상의 의의 기준은 제각각입니다. 사람마다, 가정마다, 나라마다 다른 점이 있습니다.
- 세상에 굶주려 죽어 가는 사람이 얼마나 많습니까?

25

마태복음 5장 7절

긍휼히 여기는 사람

마태복음 5장 7절에 나타난 하나님과 예수님, 그리고 성령님을 찾아봅니다.

마 5:7 긍휼히 여기는 자는 복이 있나니 그들이 긍휼히 여김을 받을 것임이요

- 긍휼히 여기는 사람이 되라고 하시는 예수님
- 복이 있는 자가 되라고 하시는 예수님
- 긍휼히 여김을 받을 것이라고 하시는 예수님

긍휼이란 무엇입니까? 긍휼이란 불쌍히 여기는 것입니다. 긍휼은 하나님의 은혜입니다.

우리가 긍휼히 여겨야 할 대상은 누구입니까? 세상의 모든 사람들입니다. 세상의 모든 사람들이 긍휼의 대상자입니다. 긍휼의 대상자가 아닌 사람은 단 한 명도 없습니다.

세상 사람들이 왜 긍휼의 대상자가 되었습니까?

세상 사람들은 강도를 만난 사람이 매맞고 짓밟혀 죽어 가듯이,

사탄 마귀에게 짓밟혀 죽었기 때문입니다. 사탄 마귀에게 짓밟혀 죽은 사람은 하나님의 긍휼이 아니면 회복되어 살아날 수 없기 때문입니다.

이런 상태의 사람들끼리 서로서로 잘났다고 아웅다웅하는 모습으로 살아가고 있는 것입니다.

이런 모습을 하나님이 보실 때 어떠하시겠습니까?

시 2:4 하늘에 계신 이가 웃으심이여 주께서 그들을 비웃으시리로다

사람들에게 긍휼을 베풀어 주실 수 있는 분은 하나님과 예수님뿐이십니다. 하나님과 예수님의 긍휼을 통해서 살아나는 것입니다. 하나님과 예수님의 긍휼을 받은 사람들끼리 누가 더 잘났다고 할 수 있겠습니까? 하나님과 예수님의 긍휼히 여기심을 받아 살게 된 것을 안다면 어떠한 삶을 살아가겠습니까?

앞에서 예수님이 말씀하신 것처럼, 심령이 가난한 자가 되어 살아갈 것입니다.

애통하는 자가 되어 살아갈 것입니다.

온유한 자가 되어 살아갈 것입니다.

의에 주리고 목마른 자가 되어 살아갈 것입니다.

이러한 삶을 살아가고 있습니까? 이러한 삶을 살아가고 있다면 하나님과 예수님의 긍휼히 여기심을 올바르게 받고 깨달으며 살아가는 사람입니다. 그렇지 않다면 하나님과 예수님의 긍휼히 여기심을 받았다 할지라도 깨닫지 못하여 어리석고 미련한 자로 사탄과 마귀에게 속고 또 속으며 살아가고 있는 것입니다.

하나님과 예수님의 긍휼을 받은 사람은 하나님의 마음과 예수님

의 마음을 아는 사람입니다. 하나님의 마음으로, 예수님의 마음으로 살아가는 사람이 하나님과 예수님의 긍휼을 올바르게 받고 깨달아 누리면서 하나님의 백성으로 살아가는 사람입니다. 긍휼히 여기는 마음으로, 불쌍히 여기는 마음으로 살아가는 사람입니다.

오늘 말씀에서 나에게 주시는 메시지는 무엇입니까?

마 5:7 긍휼히 여기는 자는 복이 있나니 그들이 긍휼히 여김을 받을 것임이요

- 누가 누구를 긍휼히 여길 수 있습니까?
- 긍휼이 필요 없는 사람이 있습니까?
- 긍휼이 필요한 사람은 누구입니까?
- 나는 긍휼이 필요한 사람입니까, 필요하지 않은 사람입니까?

26

마태복음 5장 8절

하나님을 보고 사는 자

마태복음 5장 8절에 나타난 하나님과 예수님, 그리고 성령님을 찾아봅니다.

마 5:8 마음이 청결한 자는 복이 있나니 그들이 하나님을 볼 것임이요

- 마음이 청결한 자가 되라고 하시는 예수님
- 복이 있는 자가 되라고 하시는 예수님
- 하나님을 볼 것이라고 하시는 예수님

마음이란 심령을 말합니다. 마음이 청결한 자는 복이 있어 하나님을 본다는 것입니다. 하나님은 볼 수 없으신 분인데 마음이 청결한 자는 볼 수 없는 하나님을 본다는 것입니다.

요 1:18 본래 하나님을 본 사람이 없으되 아버지 품속에 있는 독생하신 하나님이 나타내셨느니라

예수 그리스도를 통해서 하나님을 보아야 합니다.

골 1:15 그리스도께서는 보이지 않는 하나님의 형상이시며(현대인의 성경)

사람들의 마음은 어떤 상태입니까?

막 16:14 그들의 믿음 없는 것과 마음이 완악한 것을 꾸짖으시니 이는 자기가 살아난 것을 본 자들의 말을 믿지 아니함일러라

눅 24:25 이르시되 미련하고 선지자들이 말한 모든 것을 마음에 더디 믿는 자들이여

겔 3:7 그러나 이스라엘 족속은 이마가 굳고 마음이 굳어 네 말을 듣고자 아니하리니 이는 내 말을 듣고자 아니함이니라

겔 11:19 내가 그들에게 한 마음을 주고 그 속에 새 영을 주며 그 몸에서 돌 같은 마음을 제거하고 살처럼 부드러운 마음을 주어

겔 18:31 너희는 너희가 범한 모든 죄악을 버리고 마음과 영을 새롭게 할지어다

렘 4:4 유다인과 예루살렘 주민들아 너희는 스스로 할례를 행하여 너희 마음 가죽을 베고 나 여호와께 속하라

렘 16:12 너희가 너희 조상들보다 더욱 악을 행하였도다 보라 너희가 각기 악한 마음의 완악함을 따라 행하고 나에게 순종하지 아니하였으므로

렘 17:9 만물보다 거짓되고 심히 부패한 것은 마음이라 누가 능히 이를 알

리요마는

렘 24:7 내가 여호와인 줄 아는 마음을 그들에게 주어서 그들이 전심으로 내게 돌아오게 하리니 그들은 내 백성이 되겠고 나는 그들의 하나님이 되리라

예레미야 24장 7절을 보면 하나님께서 새 언약을 나에게 이루어 주신다고 말씀하십니다.

새 언약을 통해서 하나님은 우리에게 하나님의 생명을 주시는 것입니다. 새 언약이 나에게 이루어지지 않으면 하나님의 생명 없이 사는 사람이 됩니다. 새 언약이 나에게 이루어져야 하나님이 주시는 생명으로 살아가는 것입니다.

하나님께서는 아브라함에게 할례 언약을 통해서 여호와 하나님이 누구신가를 알게 하시고 믿게 하셨습니다. 그리하여 하나님의 생명을 간직하고 믿음으로 살아가는 믿음의 조상이 된 것입니다.

새 언약이 나에게 이루어지면 하나님의 생명이 나에게 있습니다.

청결한 마음을 가진 사람은 한 사람도 없습니다. 하나님께서 사람의 마음을 청결하게 만들어 주신다는 것입니다. 하나님께서 사람의 마음을 청결하게 만들어 주시면 하나님을 볼 수 있다는 것입니다. 사람은 할 수 없지만 하나님은 하실 수 있습니다.

하나님으로부터 마음의 청결함을 받은 사람은 하나님을 보면서 살아가게 된다는 말입니다.

그러면 하나님을 보지 못한 자는 마음이 청결하지 않다는 증거입니까? 아니면 하나님으로부터 마음의 청결함을 받지 못했다는 말입니까? 또 하나님을 본 자는 마음이 청결한 자라는 증거입니까? 아니

면 하나님으로부터 마음의 청결함을 받은 사람이라는 말입니까?

엡 1:18 너희 마음의 눈을 밝히사 그의 부르심의 소망이 무엇이며 성도 안에서 그 기업의 영광의 풍성함이 무엇이며

눅 24:32 그들이 서로 말하되 길에서 우리에게 말씀하시고 우리에게 성경을 풀어주실 때에 우리 속에서 마음이 뜨겁지 아니하더냐 하고

눅 24:45 이에 그들의 마음을 열어 성경을 깨닫게 하시고

마음이 청결한 자는 마음의 눈을 밝히사 하나님이 하시는 일들을 보게 되고 알게 됩니다.

스데반의 고백을 자세히 살펴봅시다.

행 7:55 스데반이 성령 충만하여 하늘을 우러러 주목하여 하나님의 영광과 및 예수께서 하나님 우편에 서신 것을 보고

행 7:56 말하되 보라 하늘이 열리고 인자가 하나님 우편에 서신 것을 보노라 한대

육의 눈으로 보고 사는 사람, 마음의 눈으로 보고 사는 사람이 있습니다.

뇌의 눈으로 보고 사는 사람, 영의 눈으로 보고 사는 사람이 있습니다.

육의 귀로 듣고 사는 사람, 마음의 귀로 듣고 사는 사람, 영의 귀로 듣고 사는 사람이 있습니다.

어떻게 이렇게 살아갈 수 있습니까? 나도 이렇게 살아가고 싶다면 성경을 보십시오.

하나님은 성경 말씀을 통해서 보혜사 진리의 성령을 통해 이렇게 해주신다고 약속하셨습니다.

여러분은 하나님을 보면서 살아가고 있습니까? 하나님을 보지 못하고 살아가고 있습니까?

하나님으로부터 마음의 청결함을 받은 사람입니까? 하나님으로부터 마음의 청결함을 받지 못한 사람입니까? 하나님을 보지 못하고, 하나님의 음성을 듣지 못하고 살아가고 있다면 그 사람은 하나님의 약속의 말씀을 믿지 않은 사람입니다. 하나님의 약속의 말씀을 믿지 못하기 때문에 성경을 보지 않은 사람입니다.

하나님이 나에게 약속하신 것을 이루어 주실 것을 믿고 약속이 이루어질 때까지 성경을 보십시오. 반드시 하나님의 약속은 이루어집니다.

오늘 말씀에서 나에게 주시는 메시지는 무엇입니까?

마 5:8 마음이 청결한 자는 복이 있나니 그들이 하나님을 볼 것임이요

- 육신의 눈으로 보고, 뇌의 눈으로 보고, 마음의 눈으로 보고, 영의 눈으로 보아야 합니다.
- 나는 하나님을 보면서 살아가고 있습니까?
- 하나님을 보지 못한다면 왜 하나님을 보지 못하고 있습니까?
- 나는 어떤 복이 있는 사람입니까?

27

마태복음 5장 9절

화평케 하는 자는 누구인가?

마태복음 5장 9절에 나타난 하나님과 예수님, 그리고 성령님을 찾아봅니다.

마 5:9 화평하게 하는 자는 복이 있나니 그들이 하나님의 아들이라 일컬음을 받을 것임이요

- 화평케 하는 자가 되라고 하시는 예수님
- 복이 있는 자가 되라고 하시는 예수님
- 하나님의 아들이라 칭함을 받을 것이라고 하시는 예수님

화평이란 무엇을 말합니까? 무엇으로, 어디에서, 언제 화평케 한다는 말입니까?

하나님의 아들이신 예수 그리스도는 화평케 하는 일을 하셨습니다. 하나님과 사람 사이를 화평케 하셨습니다.

사람과 세상을 화평케 하는 자를 위해서 주는 상이 노벨상입니다. 화평케 하는 자는 하나님의 아들이라 일컬음을 받습니다. 온 인류를 화평하게 하신 분이 누구십니까? 바로 하나님의 아들 예수 그

리스도가 온 세상을 화평케 하셨습니다. 하나님의 아들 예수 그리스도는 하나님과 사람과의 관계를 화평하게 하셨습니다. 십자가의 죽음을 통해 하나님과 사람의 단절된 상태, 막혔던 담을 허셨습니다.

예수 그리스도는 하나님과 언제든지 화평케 하시는 길을 열어 놓으셨습니다. 예수 그리스도는 하나님과 화평케 하는 방법을 만들어 주셨습니다.

화평케 하는 자가 누구입니까? 예수 그리스도를 믿는 사람들입니다. 예수 그리스도를 따라 복음을 전하는 사람들입니다. 예수 그리스도처럼 사는 사람들입니다.

예수 그리스도께서 어떻게 화평케 하셨습니까? 하나님께서 하라는 대로 사셨습니다.

하나님의 일만 하셨습니다. 하나님의 뜻을 이루셨습니다.

화평에는 세상의 화평(육신의 화평)과 영적 화평(하나님과 화평)이 있습니다. 하나님은 예수의 이름으로 화평을 주셨습니다. 예수의 이름만이 화평을 주고 하나가 되게 하십니다. 하나님 나라만이 화평의 나라입니다. 화평하게 한다는 것 역시 마음(영혼)과 연관이 있습니다. 이는 "심령이 가난한 자는 복이 있나니 천국이 그들의 것임이요"(마 5:3)라는 말씀과 동일합니다.

오늘 말씀에서 나에게 주시는 메시지는 무엇입니까?

마 5:9 화평하게 하는 자는 복이 있나니 그들이 하나님의 아들이라 일컬음을 받을 것임이요

- 세상의 화평과 하나님의 화평의 차이점은 무엇이라고 생각합니까?
- 영적 화평과 세상 화평을 통틀어 모든 화평을 이루신 분은 예수 그리스도이십니다.
- 하나님께서 예수 그리스도를 통해 이루신 일이 무엇입니까?
- 하나님의 화평 안에서 살아가고 있습니까?

28

마태복음 5장 10절

의를 위하여 사는 자

마태복음 5장 10절에 나타난 하나님과 예수님, 그리고 성령님을 찾아봅니다.

마 5:10 의를 위하여 박해를 받은 자는 복이 있나니 천국이 그들의 것임이라

- 의를 위하여 박해를 받는 자가 되라고 하시는 예수님
- 복이 있는 자가 되라고 하시는 예수님
- 천국이 너희 것이 될 것이라고 하시는 예수님

마 5:3 심령이 가난한 자는 복이 있나니 천국이 그들의 것임이요(동일한 부분).

마 5:6 의에 주리고 목마른 자는 복이 있나니 그들이 배부를 것임이요(동일한 부분).

의를 위해서 살 때 박해를 받는다는 것은, 하나님과 예수님과 연관됨을 의미합니다.

의를 위해서 산다는 말은 천국을 위해서 사는 사람을 말합니다.

세상에서 말하는 의, 즉 육신적인 의와 하나님의 의가 구별됩니다. 사람들은 세상의 의, 육신의 의 때문에도 고난과 핍박과 죽음을 당합니다. 그런데 하나님의 의 때문에도, 즉 복음 때문에도 고난과 핍박과 죽음을 당합니다.

요한복음 16장 10절에서 "의에 대하여라 함은 내가 아버지께로 가니 너희가 다시 나를 보지 못함이요"라고 말씀하십니다. 성경에서 말하는 의란 예수 그리스도를 말하고 있습니다. 하나님과 혹은 예수 그리스도와 관련된 일에 함께한 사람들을 의인이라고 하기도 합니다.

히브리서 11장에 성경에서 말하는 의인, 특히 믿음의 사람들이 소개되어 있습니다. 히브리서 11장에 기록된 믿음의 사람들은 어떤 의로써 하나님을 기쁘게 하였는지 자세히 살펴볼 필요가 있습니다.

하나님께서 창세기 3장 15절에서 언약하신 언약의 일을 이루시기 위해 처녀 마리아에게 예수님이 태어나게 하셨습니다. 요셉과 마리아는 예수님으로 인하여 많은 고난을 받았습니다. 성경에 기록된 많은 사람들이 복음 때문에 고난을 받았습니다.

오늘 말씀에서 나에게 주시는 메시지는 무엇입니까?

마 5:10 의를 위하여 박해를 받은 자는 복이 있나니 천국이 그들의 것임이라

- 의를 가지고 살아가는 사람은 왜 박해를 받습니까?
- 의를 위해서 살아가는 사람은 왜 박해를 받습니까?

- 박해를 받는 경우에 육적인 일 때문에 받습니까, 영적인 일 때문에 받습니까?
- 나는 복음 때문에 고난과 핍박을 받은 일이 있습니까?
- 나는 하나님의 의와 연관되어 살아가고 있습니까?

29

마태복음 5장 11-12절

하늘의 상을 바라보고

마태복음 5장 11-12절에 나타난 하나님과 예수님, 그리고 성령님을 찾아봅니다.

마 5:11 나로 말미암아 너희를 욕하고 박해하고 거짓으로 너희를 거슬러 모든 악한 말을 할 때에는 너희에게 복이 있나니

마 5:12 기뻐하고 즐거워하라 하늘에서 너희의 상이 큼이라 너희 전에 있던 선지자들도 이같이 박해하였느니라

- 욕을 받으며 살게 하시는 예수님
- 박해를 받으며 살게 하시는 예수님
- 거짓으로 누명을 받으며 살게 하시는 예수님
- 모든 악한 말을 들으며 살게 하시는 예수님
- 복이 있는 자가 되라고 하시는 예수님
- 기뻐하고 즐거워하라고 하시는 예수님
- 하늘에서 상을 주시겠다는 예수님
- 전의 선지자들의 삶에 대해서 말씀해 주시는 예수님

복음 때문에 살아가는 사람은 세상에서 욕을 듣고, 박해를 받고, 고난을 당하고, 모든 악한 말을 들으며 살아갈 것입니다. 예수님 때문에 욕을 듣고, 박해를 받고, 사람들의 거짓된 말로 고난을 당하고, 모든 악한 말을 듣는 자가 복이 있습니다. 세상에서 복음 때문에 많은 고난을 받는다면 기뻐하고 즐거워하라는 것입니다. 세상에서 받는 고난이 현실의 삶에 기쁨과 즐거움이 되지 못합니다. 그러나 하늘의 소망을 가지고 살아가는 사람들이 복음의 사람들입니다.

복음이 우리에게 주는 소망이 무엇입니까? 복음의 소망을 가지고 살아가는 사람이라면 세상에서 받는 모든 고난을 이기며 살아갈 수 있습니다. 복음의 사람은 하늘의 소망을 바라보며 살아가기 때문입니다.

복음의 사람으로 세상에서 어떠한 삶 속에서도 기뻐하며 즐거워하며 살아가라는 것입니다. 하늘의 상급을 바라보며 살아가라는 것입니다. 많은 선지자들이 복음 때문에 고난을 겪는 그 속에서도 하늘의 소망을 바라보며 살았다는 것입니다. 하늘의 상급을 바라보며 세상에서 승리의 삶을 살아간 선지자들을 기억하라는 것입니다.

예수님은 세상의 어떠한 환경 속에서도 너희는 이런 사람이 되라고 하십니다. "기뻐하고 즐거워하는 사람이 되라 하늘에서 너희의 상이 크다." 선지자들은 이 세상에서 꼭 필요한 복음의 일꾼들이었다는 것입니다.

나는 이 세상에서 복음의 일꾼으로 살아가고 있습니까? 선지자들의 삶을 잘 살펴봅시다. 선지자들은 어떤 사람들이었습니까? 그들은 하나님을 기쁘게 한 사람들, 믿음의 사람들, 복음의 사람들이었습니다. 그들은 어떻게 이런 사람으로 살아갈 수 있었을까요?

오늘 말씀에서 나에게 주시는 메시지는 무엇입니까?

마 5:11 나로 말미암아 너희를 욕하고 박해하고 거짓으로 너희를 거슬러 모든 악한 말을 할 때에는 너희에게 복이 있나니

마 5:12 기뻐하고 즐거워하라 하늘에서 너희의 상이 큼이라 너희 전에 있던 선지자들도 이같이 박해하였느니라

- 나에게는 복음의 소망이 있습니까? 복음의 소망이 무엇입니까?
- 나는 복음으로 세상을 살아가고 있습니까?
- 과거에 복음 때문에 받은 고난은 무엇입니까?
- 현재 복음 때문에 받는 고난은 무엇입니까?
- 나는 하늘의 소망을 가지고 살아가고 있습니까?
- 선지자들의 삶에 대해서 어느 정도 알고 있습니까?
- 나는 복이 있는 자입니까?

30

누가복음 1장 1-4절

확신을 가지고 살아가는 사람

누가복음 1장 1-4절에 나타난 하나님, 예수님, 성령님, 그리고 사람을 찾아봅니다.

눅 1:1 우리 중에 이루어진 사실에 대하여

눅 1:2 처음부터 목격자와 말씀의 일꾼 된 자들이 전하여 준 그대로 내력을 저술하려고 붓을 든 사람이 많은지라

눅 1:3 그 모든 일을 근원부터 자세히 미루어 살핀 나도 데오빌로 각하에게 차례대로 써 보내는 것이 좋은 줄 알았노니

눅 1:4 이는 각하가 알고 있는 바를 더 확실하게 하려 함이로라

"우리 중에"라는 말씀에서 '우리'는 어떤 사람들입니까? 예수님을 아는 사람들, 예수님을 따라다닌 사람들, 예수님의 말씀을 들은 사람들, 예수님이 행하시는 모든 일을 본 사람들을 말합니다. 또한 예수님을 믿는 사람들, 예수님을 전파하려는 사람들, 예수님을 믿고 구원받은 사람들을 의미합니다.

"이루어진 사실"을 직접 보고 들은 자들을 우리는 증인이라고 합니다. 전에도, 지금도 가짜 증인이 많습니다. 내가 직접 보거나 듣지 않은 것을 증거하는 자들이 많습니다.

하나님은 오늘도 보혜사 진리의 성령을 통해서 예수 그리스도를 보게 해 주시고, 예수 그리스도의 음성을 듣게 해주십니다.

예를 들면, 사도행전 9장과 갈라디아서 1-2장을 보면 사울(바울)의 이야기가 나옵니다. 사도행전 9장과 갈라디아서 1-2장을 자세히 살펴보시기 바랍니다. 주님께서 보혜사 진리의 성령을 통해서 사울(바울)에게 예수 그리스도의 복음의 모든 것을 듣게 하시고 보게 해주십니다. 하나님의 계시를 통해서, 즉 보혜사 진리의 성령을 통해서 복음의 진리를 깨닫고 복음을 증거하는 참된 증인으로서 남은 생애를 살아가는 사람이 됩니다.

나는 참된 증인입니까, 가짜 증인입니까?

이는 나 스스로 아는 것입니다.

많은 경우에 "우리가 잘 사는지 혹은 잘못 사는지는 하나님 앞에 가보면 그날에 알 것"이라고 합니다. 물론 맞는 말입니다. 하나님 앞에 가는 그날에는 확실하고도 분명하게 알게 됩니다. 하지만 하나님 앞에 서는 그날, 잘 살았는지 혹은 잘못 살았는지를 안다면 큰일입니다. 큰일 날 말을 사람들은 자연스럽게 믿음이 대단한 사람처럼 여유 있게 웃으면서 말합니다.

어느 분이 이런 말을 하더라구요.

어느 학생이 시험을 보는데 매우 빠르게 답을 쓰고 나가더랍니다. 선생님이 그 학생의 시험지 답안을 살펴보니 "책에 있음"이라고 써 있더랍니다. 문제의 답이 책에 있는 것은 맞지요. 책에 없는 것을 시험의 문제로 내지 않기 때문입니다.

우리가 신앙생활을 잘하는지, 잘 못하는지를 하나님 앞에 서는 그날에 안다면 그 사람은 시험지 답안에 "책에 있음"이라고 쓴 학생과 무엇이 다릅니까?

성경은 우리가 이 세상에서 잘 믿고 사는지, 잘 못 믿고 사는지 알 수 있다고 말합니다.

내가 하나님과 예수님을 진짜로 믿는지, 가짜로 믿는지 알 수 있습니다. 내가 믿음 생활을 잘하고 있는지, 잘 못하고 있는지 알 수 있습니다. 모른다면 큰일입니다. 하나님 앞에 서는 그날에 안다면 큰일입니다. 하나님 앞에 서는 그날이 오기 전에 보혜사 진리의 성령의 도움으로 확실하게 아시기 바랍니다.

노아가 방주를 만들었습니다. 그가 왜 방주를 만들었습니까? 하나님의 말씀을 듣고, 믿고, 만들었습니다. 노아는 비가 오기 전에 하나님의 말씀을 듣고 믿고 방주를 다 만들었습니다.

만약에 비가 오기 시작하는 날부터 방주를 만드는 사람이 있다고 가정해 봅시다. 그리고 비가 온 지 10일째 되는 날부터 방주를 만드는 사람이 있다고 생각해 봅시다. 또 비가 온 지 20일째 되는 날부터, 30일째 되는 날부터 방주를 만드는 사람이 있다고 생각해 봅시다. 완성되지 않은 방주 안에 있다면 홍수 속에서 살아남을 수 없습니다.

"우리 중에 이루어진 사실"은 하나님께서 창세 전에 언약하시고, 선지자들을 통해서 선포하신 복음을 의미합니다. 또한 하나님 나라의 천국 복음의 일, 하나님께서 아브라함과 이삭과 야곱과 이스라엘 백성에게 행하신 일, 하나님께서 언약하신 일을 이루시기 위해 이 세상에 오신 독생자 아들 예수 그리스도가 행하신 일들에서 시작해 예수 그리스도를 믿는 소수의 믿음의 사람들에 관한 일까지를 포함합니다.

눅 1:2 처음부터 목격자와 말씀의 일꾼 된 자들이 전하여 준 그대로 내력을 저술하려고 붓을 든 사람이 많은지라

"처음부터"는 '하나님께서 예수 그리스도를 통해 하시는 일의 시작부터'를 의미합니다.

"목격자"는 증인입니다. 증인이란 현장을 직접 본 사람, 현장의 소리를 직접 들은 사람입니다. 다른 사람에 의해서 들은 이야기를 전달하는 사람이 아닙니다.

행 1:8 오직 성령이 너희에게 임하시면 너희가 권능을 받고 예루살렘과 온 유대와 사마리아와 땅끝까지 이르러 내 증인이 되리라 하시니라

복음의 증인이 될 수 있는 사람은 어떤 사람입니까? 성령을 통해서 예수 그리스도를 보고 듣고 알고 깨닫고 믿는 자가 증인입니다. 증인이라는 사람들 중에 다른 사람에게 들은 이야기를 전달하는 가짜 증인이 많습니다. 진짜 증인이라야 합니다.

요 14:26 보혜사 곧 아버지께서 내 이름으로 보내실 성령 그가 너희에게 모든 것을 가르치고 내가 너희에게 말한 모든 것을 생각나게 하리라

요 16:13 그러나 진리의 성령이 오시면 그가 너희를 모든 진리 가운데로 인도하시리니 그가 스스로 말하지 않고 오직 들은 것을 말하며 장래 일을 너희에게 알리시리라

성경에서 목격자는 누구입니까? 먼저, 예수님의 어머니 마리아를 들 수 있습니다. 마리아는 예수님의 출생부터 천사를 통해 들은 하나님의 계획과 일들을 목격했습니다. 예수님의 아버지 요셉의 생애에 대해서는 구체적인 기록이 없습니다. 그리고 요단강에서 회개의 세례를 전파한 세례 요한은 성령의 인도를 따라 살아가는 사람으로 예수 그리스도를 증거했습니다. 예수님의 어머니 마리아는 예수님의 십자가 죽음의 현장까지, 오순절 다락방까지 함께한 것으로 기록되어 있습니다.

그 다음은 예수님의 제자들입니다. 그중에서도 3명의 제자 베드로, 야고보, 요한을 들 수 있습니다. 그 다음 목격자로는 가룟 유다를 제외한 8명의 제자를 들 수 있습니다.

예수님과 함께 다닌 사람들에 대해 사도행전 1장 21-22절에서 기록하고 있습니다.

행 1:21 요한의 세례로부터 우리 가운데서 올려져 가신 날까지 주 예수께서 우리 가운데 출입하실 때에

행 1:22 항상 우리와 함께 다니던 사람 중에

이 사람들이 말씀의 일꾼이 되어 진리의 말씀과 복음을 전파하였습니다. 이러한 사람들이 전해 준 복음을 듣고 내력을 저술하려는 사람들이 많이 있었습니다.

눅 1:3 그 모든 일을 근원부터 자세히 미루어 살핀 나도 데오빌로 각하에게 차례대로써 보내는 것이 좋은 줄 알았노니

벧전 1:10 이 구원에 대하여는 너희에게 임할 은혜를 예언하던 선지자들이 연구하고 부지런히 살펴서

누가라는 사람도 처음부터 목격자와 말씀의 일꾼 된 자들이 전해 준 그대로 내력을 저술하려는 사람 중에 한 사람이었습니다. 누가는 복음을 저술하려는 이유와 목적에 대해서 말하기를 그 모든 일을 근원부터 자세히 미루어 살피고 난 후에 데오빌로 각하에게 차례대로 써 보내는 것이 좋은 일이라고 생각하여 쓰게 된 것이라고 합니다.

그 모든 일의 근원이란 무엇을 말하는 것입니까? 그 모든 일이란 복음에 대한 일을 말하는 것입니다. 복음의 근원이란 복음의 시작부터 과정, 복음의 결과를 말하는 것입니다.

엡 1:3 찬송하리로다 하나님 곧 우리 주 예수 그리스도의 아버지께서 그리스도 안에서 하늘에 속한 모든 신령한 복을 우리에게 주시되

엡 1:4 곧 창세 전에 그리스도 안에서 우리를 택하사 우리로 사랑 안에서 그 앞에 거룩하고 흠이 없게 하시려고

엡 1:5 그 기쁘신 뜻대로 우리를 예정하사 예수 그리스도로 말미암아 자기의 아들들이 되게 하셨으니

엡 1:6 이는 그가 사랑하시는 자 안에서 우리에게 거저 주시는 바 그의 은혜의 영광을 찬송하게 하려는 것이라

창 3:15 내가 너로 여자와 원수가 되게 하고 네 후손도 여자의 후손과 원수가 되게 하리니 여자의 후손은 네 머리를 상하게 할 것이요 너는 그의 발꿈치를 상하게 할 것이니라 하시고

창 3:15 나는 너를 여자와 원수가 되게 하리라 네 후손을 여자의 후손과 원수가 되게 하리라 너는 그 발꿈치를 물려고 하다가 도리어 여자의 후손에게 머리를 밟히리라(공동번역).

창 12:1 여호와께서 아브람에게 이르시되 너는 너의 고향과 친척과 아버지의 집을 떠나 내가 네게 보여줄 땅으로 가라

창 12:2 내가 너로 큰 민족을 이루고 네게 복을 주어 네 이름을 창대하게 하리니 너는 복이 될지라

창 12:3 너를 축복하는 자에게는 내가 복을 내리고 너를 저주하는 자에게는 내가 저주하리니 땅의 모든 족속이 너로 말미암아 복을 얻을 것이라 하신지라

갈 3:8 또 하나님이 이방을 믿음으로 말미암아 의로 정하실 것을 성경이 미리 알고 먼저 아브라함에게 복음을 전하되 모든 이방인이 너로 말미암아 복을 받으리라 하였느니라

아브라함과 이삭과 야곱, 그리고 야곱을 통해 이스라엘의 12지파 즉 이스라엘 백성 이스라엘 나라가 세워지면서 복음이 이어집니다. 하나님께서 언약하신 여자의 후손으로 세상에 오신 하나님의 아들 독생자 예수 그리스도 메시아를 통해 하나님의 복음이 우리와 함께

하시는 임마누엘이 성취됩니다.

그 모든 일의 근원이란 무엇입니까? 복음의 근원, 복음의 시작부터 마지막까지 복음을 통해서 하나님이 하신 일을 자세히 미루어 살폈다는 것입니다. 나 자신부터 확실하게 하였다는 것입니다.

누가는 남보다 자기 자신이 먼저 복음에 대해서, 믿음에 대해서 확인한 사람이었습니다. 그 모든 일을 근원부터 자세히 미루어 살폈다는 것입니다. 항상 나 자신이 먼저였습니다.

많은 경우에 어떤 일에 대해 설명할 때 나 자신을 빼고 말하는 경우가 있습니다. 하지만 나를 포함한 모든 사람을 말해야 합니다. 내가 빠지면 무가치한 것이 되는 것입니다. 누가는 "그 모든 일을 근원부터 자세히 미루어 살핀 나도"라고 하면서 자기 자신을 말하고 있습니다.

눅 1:4 이는 각하가 알고 있는 바를 더 확실하게 하려 함이로라

딤후 3:14 너는 배우고 확신한 일에 거하라

그가 누가복음을 쓴 이유와 목적은 각하가 알고 있는 것에 더 확실하게 하기 위함이었습니다. 누가는 데오빌로 각하라는 사람이 무엇을 어느 정도 알고 있다는 것을 아는 사람이었습니다. 데오빌로 각하의 믿음 상태를 어느 정도 알고 있는 사람처럼 보입니다. 데오빌로 각하는 예수님을 믿고 있는데 어떤 신앙생활을 하고 있었을까요?

누가는 데오빌로 각하에게 더 필요한 것이 무엇인지를 알고 있는 사람으로 그가 더 확실한 믿음의 사람이 되게 하기 위해서 누가복

음을 썼다고 밝히고 있습니다.

진정한 믿음의 사람이라면 내가 믿는 믿음의 상태를 늘 점검하고 확인하면서 더 필요한 것이 무엇인지 깨달아 부족한 부분을 채워가야 합니다. 이러한 삶을 살아가는 사람이 진실한 그리스도인이 아니겠습니까? 대부분의 사람들은 내가 알고 있는 것은 다시 확인하고 돌아보지 않는 경우가 많습니다. 그러나 내가 알고 있는 바를 더 확실하게 하는 일은 매우 중요한 일입니다.

고후 13:5 너희는 믿음 안에 있는가 너희 자신을 시험하고 너희 자신을 확증하라 예수 그리스도께서 너희 안에 계신 줄을 너희가 스스로 알지 못하느냐 그렇지 않으면 너희는 버림받은 자니라

성경은 다양하게 우리를 향하여 경고하는 말씀이 많습니다. 무슨 질문을 하면 대부분의 사람들은 다 알고 있다고 대답합니다. 그러나 정말 다 알기 때문에 그렇게 대답할까요? 그렇지 않은 것 같습니다. 올바른 복음을 아는 사람이 많지 않습니다.

오늘 말씀에서 나에게 주시는 메시지는 무엇입니까?

눅 1:1 우리 중에 이루어진 사실에 대하여

눅 1:2 처음부터 목격자와 말씀의 일꾼 된 자들이 전하여 준 그대로 내력을 저술하려고 붓을 든 사람이 많은지라

눅 1:3 그 모든 일을 근원부터 자세히 미루어 살핀 나도 데오빌로 각하에게 차례대로 써 보내는 것이 좋은 줄 알았노니

누 1:4 이는 각하가 알고 있는 바를 더 확실하게 하려 함이로라

- 나에게 이루어진 복음의 일은 무엇입니까?
- 나는 복음의 증인입니까? 증인은 직접 보고 들은 자입니다
- 나는 착각 속에 살고 있지 않습니까? 사람들의 착각이 무엇입니까?
- 많이 들은 것을 '안다'고 착각하는 일이 있습니다
- 많이 듣다 보니 익숙한 것이지, 잘 아는 것은 아닙니다
- 내가 더 분명하게 해야 할 것은 무엇입니까?
- 내가 더 확실하게 해야 할 것은 무엇입니까?
- 내가 더 자세하게 해야 할 것은 무엇입니까?

31

요한복음 3장 16절

언약의 하나님(샘플)

우리가 잘 아는 요한복음 3장 16절의 말씀을 그동안 하신 방법으로 연습하고 실습해 보시기 바랍니다.

요한복음 3장 16절에 나타난 하나님과 예수님, 그리고 성령님을 찾아봅니다.

요 3:16 하나님이 (B)세상을 (C)이처럼 사랑하셔서 (D)독생자를 주셨으니 누구든지 (E)그를 (F)믿으면 (G)멸망하지 않고 (H)영생을 얻을 것이다

1. 요한복음 3장 16절에서 찾아볼 수 있는 하나님

1) 세상을 이처럼 사랑하신 하나님
2) 독생자가 있으신 하나님
3) 독생자를 주신 하나님
4) 독생자 예수님을 믿으라고 하시는 하나님
5) 멸망시키시는 하나님
6) 영생을 주시는 하나님
7) 세상을 구원하시려는 하나님

8) 세상을 심판하지 않으시려는 하나님
9) 세상을 심판하시는 하나님
10) 세상을 향한 계획을 가르쳐 주시는 하나님
11) 독생자를 이 세상에 보내신 이유와 목적이 있으신 하나님
12) 하나님의 비밀을 세상에 가르쳐 주신 하나님
13) 아들을 세상에 보내신 하나님
14) 누구든지 믿는 자에게 영생을 주시는 하나님
15) 누구든지 믿지 않는 자에게 멸망을 주시는 하나님
16) 사랑의 근원자이신 하나님

2. 요한복음 3장 16절에서 찾아볼 수 있는 예수님

1) 아버지가 있으신 독생자 예수님
2) 하나님의 독생자이신 예수님
3) 세상에 오신 예수님
4) 믿음의 대상이신 예수님
5) 영생을 얻게 하시는 예수님
6) 멸망의 기준이 되시는 예수님
7) 영생의 기준이 되시는 예수님
8) 영생을 얻게 하시는 예수님
9) 하나님의 독생자이신 예수님
10) 믿음의 대상자이신 예수님
11) 세상을 구원받게 하시는 예수님
12) 이름이 있으신 예수님
13) 심판의 기준이 되시는 예수님

14) 진리이신 예수님

15) 믿는 자와 믿지 아니한 자의 구분이 되시는 예수님

3. 요한복음 3장 16절에서 찾아볼 수 있는 성령님

1) 믿게 하시는 성령님

2) 영생을 얻게 하시는 성령님

3) 물과 성령으로 거듭나게 하시는 성령님

다시 한번 기억해야 할 것은, 오늘 본문에 계신 하나님과 예수님과 성령님을 찾는 것입니다. 그리고 난 후에 찾은 하나님과 예수님, 그리고 성령님에 대해 적용을 하는 것입니다.

> 요 3:16 하나님이 (B)세상을 (C)이처럼 사랑하셔서 (D)독생자를 주셨으니 누구든지 (E)그를 (F)믿으면 (G)멸망하지 않고 (H)영생을 얻을 것이다

요한복음 3장 16절에서 '하나님'은 어떤 하나님이신가를 발견하는 것입니다.

요한복음 3장 16절에서 '세상'이란 어떤 세상을 말하고 있나요?

요한복음 3장 16절에서 '이처럼 사랑'이란 어떤 사랑을 말하고 있나요?

요한복음 3장 16절에서 '독생자'란 어떤 독생자를 말하는 것인가요?

요한복음 3장 16절에서 '그'란 누구를 말하고 있나요?

요한복음 3장 16절에서 '믿음'이란 어떤 믿음을 말하고 있나요?
요한복음 3장 16절에서 '멸망'이란 무엇을 말하고 있나요?
요한복음 3장 16절에서 '영생'이란 무엇을 말하고 있나요?

요한복음 3장 16절에서 주는 메시지가 무엇인가를 꼼꼼히 찾아내야 합니다.

요한복음 3장 16절에 나타난 다양한 하나님을 1-16번까지 찾아보았습니다.

요한복음 3장 16절에 나타난 하나님은 세상을 사랑하셔서 독생자를 통해 영생을 주신 하나님이십니다. 하나님께서 세상에 독생자를 주신 이유와 목적이 무엇인가요?

하나님께서 독생자 아들 예수 그리스도를 세상에 보내신 이유와 목적이 무엇입니까?

창세기 3장 15절은 범죄한 사람을 향하여 하나님께서 일방적으로 주신 언약의 말씀입니다.

창 3:15 나는 너를 여자와 원수가 되게 하리라 네 후손을 여자의 후손과 원수가 되게 하리라 너는 그 발꿈치를 물려고 하다가 도리어 여자의 후손에게 머리를 밟히리라(공동번역)

"사탄과 여자가 원수가 되게 하리라. 사탄의 후손과 여자의 후손이 원수가 되게 하리라.

여자의 후손이 사탄의 머리를 밟으리라. 여자의 후손이 사탄을 박살낸다"는 말씀입니다.

창세기 3장 15절의 말씀을 최초의 언약, 혹은 최초의 복음, 원시복음이라고 말합니다. 창세기 3장 15절의 말씀을 하신 하나님을 우리는 '언약의 하나님'이라고 합니다.

성경에서 언약과 약속이 비슷하게 사용될 때가 많은데 언약과 약속이 조금 다른 점이 있습니다. 창세기 3장 15절에서 하나님은 언약을 일방적으로 하신 것입니다. 약속은 쌍방적인 것입니다. A와 B가 서로 합의하에 하는 것을 약속이라고 합니다.

창세기 3장 15절에 여자의 후손이라는 말이 있습니다. 이 세상 모든 사람은 남자의 후손입니다. 남자의 씨 없이 이 세상에 태어난 사람이 없기 때문입니다. 그런데 여자의 후손으로 이 세상에 오신 분이 계십니다. 남자의 씨 없이 이 세상에 오신 분이 계십니다. 여자의 후손으로 오신 분이 바로 예수 그리스도이십니다.

이사야 선지자가 이사야 7장 14절에 이렇게 선포하고 있습니다.

사 7:14 그러므로 주께서 친히 징조를 너희에게 주실 것이라 보라 처녀가 잉태하여 아들을 낳을 것이요 그의 이름을 임마누엘이라 하리라

요한복음 3장 16절에서 우리가 기억하고 발견해야 할 하나님은 언약의 하나님입니다. 창세기 3장 15절에 언약하신 하나님이 그 언약을 잊지 않으시고 언약하신 대로 여자의 후손으로 보내주십니다. 이사야 선지자의 예언을 따라 처녀의 몸에서 태어나신 하나님의 독생자 예수 그리스도를 보내 주신 것입니다. 요한복음 3장 16절에서 우리는 다양한 하나님을 찾아보고 하나님이 하신 일들에 대해 자세히 알아보고 기억해야 되겠지만, 그중에 가장 중요한 한 가지는 오늘 말씀에서 하나님이 독생자를 주신 이유와 목적이 무엇인가를 아는 것입니다. 하나님은 언약하신 것을 반드시 이루시는 분이라는 것을 알고 믿어야 합니다.

우리가 하나님을 믿는다고 할 때 하나님의 무엇을 믿는다는 말입니까? 하나님이 말씀하신 것을 반드시 이루실 것을 믿는 것입니다. 우리가 예수 그리스도를 믿습니다. 예수 그리스도를 왜 믿느냐고 물어보면 다양한 대답들이 나올 것입니다. 다양하게 대답을 할 수 있기 때문입니다. 다양한 대답 중에 최고의 대답, 즉 이해하기 쉽게 '100점짜리 답'은 무엇일까요?

하나의 예를 들어 보겠습니다. "하나님은 어디에 계십니까?"라는 질문에 하늘에, 내 마음에, 교회에, 우리 집에 등등의 다양한 대답이 나올 것입니다. 그러면 앞에서 말한 대로 최고의 대답, 100점짜리 답은 무엇입니까? 바로 "하나님은 안 계신 곳이 없습니다"(무소부재하신 하나님)입니다. 이 대답이 최고의 대답, 100점짜리 답입니다.

이처럼 "예수 그리스도를 왜 믿습니까?"라는 질문에 최고의 대답, 100점짜리 답이 있습니다. 이 질문에도 다양한 대답을 할 수 있을 것입니다. 그러나 질문에 대한 최고의 대답, 즉 100점짜리 답이 있을 것입니다. 혹은 어떤 사람이 문제를 낼 때 다양한 대답이 나와도 문제를 출제한 사람이 원하는 최고의 대답, 즉 100점짜리라고 할 수 있는 대답이 있을 것입니다.

이런 점에서 볼 때 요한복음 3장 16절에서 우리가 알아야 하고 기억해야 할 하나님은 '언약의 하나님'임을 발견하고 기억해야 한다는 것입니다. '요한복음 3장 16절'이라고 하면 우리는 지금까지 '사랑의 하나님'으로 알고 기억하며 대답합니다. 틀렸다는 말이 아닙니다. 사랑의 하나님도 맞습니다. 그러나 좀 더 깊이 꼼꼼히 관찰해 보면서 하나님의 뜻을 올바르고 분명하게, 정확하고도 자세하게 알자는 것입니다.

요한복음 3장 16절에서 언약의 하나님을 발견하게 되면 성경을 보는 눈이 넓어지고 높아지고 깊어집니다. 성경은 언약책이라고도 합니다. 구약성경의 총 주제는 무엇이라고 합니까? 앞으로 오실 메시아 그리스도라고 합니다. 신약성경의 총 주제는 무엇이라고 합니까? 오신 메시아 그리스도라고 합니다. 구약과 신약성경 전체의 총 주제는 메시아 그리스도입니다. 대부분 이렇게 말합니다. 왜 이렇게 말합니까? 성경은 하나님이 언약하신 일이 무엇인가를 말해주고, 하나님이 언약하신 일을 어떻게 이루시는가를 가르쳐 주고 있기 때문입니다.

A-1. 언약의 하나님

오늘 본문에서 찾은 하나님은 어떤 하나님이십니까?

세상을 이처럼 사랑하셔서 독생자를 주신 하나님을 발견하게 됩니다. 그래서 사랑의 하나님으로 말하기도 합니다. 그러나 사랑의 하나님이시기 전에 나타난 하나님은 세상을 이처럼 사랑하셔서 독생자를 주셨다고 하셨는데, 독생자를 언제 주시겠다고 말씀하셨는가를 살펴보아야 합니다.

에베소서 1장 4절을 보면, 창세 전에 그리스도 안에서 우리를 택하사 우리로 사랑 안에서 그 앞에 거룩하고 흠이 없게 하시겠다는 하나님의 계획을 알게 됩니다. 특히 '창세 전에 그리스도, 안에서'라는 말씀에 관심을 가져야 합니다. 창세 전에 그리스도 즉 예수님을 통해서 하나님께서 구원의 일을 하시겠다는 말씀입니다. 이 말씀을 입증해 주는 말씀이 있는데 창세기 3장 15절입니다.

창 3:15 나는 너를 여자와 원수가 되게 하리라 네 후손을 여자의 후손과 원수가 되게 하리라 너는 그 발꿈치를 물려고 하다가 도리어 여자의 후손에

게 머리를 밟히리라(공동번역)

창세기 3장 15절의 말씀은 원시복음 혹은 최초의 복음 혹은 하나님의 언약이라고 합니다.

아담과 하와가 범죄한 후에 에덴동산에 찾아가신 하나님께서 아담과 하와의 이야기를 들으십니다. 이때 하나님께서 여자의 후손을 이 세상에 보내시겠다는 언약의 말씀을 하십니다. 이 세상에 태어난 모든 사람은 다 남자의 후손입니다. 즉 아담의 후손입니다. 이 세상에 여자의 후손으로 태어난 사람은 예수 그리스도 외에 아무도 없습니다. 예수 그리스도가 복음이십니다. 예수님이 기쁜 소식의 주인공이십니다.

구약성경의 총 주제를 오실 메시아(예수 그리스도)라고 합니다. 신약성경의 총 주제를 오신 메시아(예수 그리스도)라고 합니다. 성경은 메시아, 즉 예수 그리스도에 대해서 기록한 말씀입니다.

하나님께서 왜 예수 그리스도를 이 세상에 보내시겠다고 하셨을까요? 예수 그리스도를 통해 하나님이 하시고자 하시는 일들은 무엇인가요? 이것을 하나님의 비밀이라고 하셨습니다.

이사야 선지자가 이사야 7장 14절에 이렇게 선포하고 있습니다.

사 7:14 그러므로 주께서 친히 징조를 너희에게 주실 것이라 보라 처녀가 잉태하여 아들을 낳을 것이요 그의 이름을 임마누엘이라 하리라

로마서 1장 2-4절에서 하나님의 복음이 무엇인가에 대해서 말씀하고 있습니다.

롬 1:2 이 복음은 하나님이 선지자들을 통하여 그의 아들에 관하여 성경에 미리 약속하신 것이라

롬 1:3 그의 아들에 관하여 말하면 육신으로는 다윗의 혈통에서 나셨고

롬 1:4 성결의 영으로는 죽은 자들 가운데서 부활하사 능력으로 하나님의 아들로 선포되셨으니 곧 우리 주 예수 그리스도시니라

우리가 잘 아는 마태복음과 누가복음에서도 이렇게 말씀하고 있습니다.

마 1:18 예수 그리스도의 나심은 이러하니라 그의 어머니 마리아가 요셉과 약혼하고 동거하기 전에 성령으로 잉태된 것이 나타났더니

마 1:19 그의 남편 요셉은 의로운 사람이라 그를 드러내지 아니하고 가만히 끊고자 하여

마 1:20 이 일을 생각할 때에 주의 사자가 현몽하여 이르되 다윗의 자손 요셉아 네 아내 마리아 데려오기를 무서워하지 말라 그에게 잉태된 자는 성령으로 된 것이라

마 1:21 아들을 낳으리니 이름을 예수라 하라 이는 그가 자기 백성을 그들의 죄에서 구원할 자이심이라 하니라

하나님께서 요셉에게 무엇이라고 하십니까? 예수 그리스도의 나심은 마리아와 요셉이 동거하기 전에 성령으로 잉태되었다고 하십니

다. 마리아에게 잉태된 자는 성령으로 된 것이라고 하십니다.

"아들을 낳으리니 이름을 예수라 하라 이는 그가 자기 백성을 그들의 죄에서 구원할 자이심이라"는 말씀을 통해 볼 때, 창세기 3장 15절에서 말씀하신 여자의 후손을 통해 오실 자가 바로 예수 그리스도이시라는 것을 증거해 주고 있습니다.

눅 1:26 여섯째 달에 천사 가브리엘이 하나님의 보내심을 받아 갈릴리 나사렛이란 동네에 가서

눅 1:27 다윗의 자손 요셉이라 하는 사람과 약혼한 처녀에게 이르니 그 처녀의 이름은 마리아라

눅 1:28 그에게 들어가 이르되 은혜를 받은 자여 평안할지어다 주께서 너와 함께하시도다 하니

눅 1:29 처녀가 그 말을 듣고 놀라 이런 인사가 어찌함인가 생각하매

눅 1:30 천사가 이르되 마리아여 무서워하지 말라 네가 하나님께 은혜를 입었느니라

눅 1:31 보라 네가 잉태하여 아들을 낳으리니 그 이름을 예수라 하라

눅 1:32 그가 큰 자가 되고 지극히 높으신 이의 아들이라 일컬어질 것이요 주 하나님께서 그 조상 다윗의 왕위를 그에게 주시리니

눅 1:33 영원히 야곱의 집을 왕으로 다스리실 것이며 그 나라가 무궁하리라

눅 1:34 마리아가 천사에게 말하되 나는 남자를 알지 못하니 어찌 이 일이 있으리이까

눅 1:35 천사가 대답하여 이르되 성령이 네게 임하시고 지극히 높으신 이의 능력이 너를 덮으시리니 이러므로 나실 바 거룩한 이는 하나님의 아들이라 일컬어지리라

눅 1:36 보라 네 친족 엘리사벳도 늙어서 아들을 배었느니라

엘리사벳의 사정과 마리아의 사정은 다릅니다. 본래 임신하지 못한다고 알려진 엘리사벳이 이미 여섯 달이 되었나니 하나님 말씀대로 이루어진 것을 말합니다.

눅 1:37 대저 하나님의 모든 말씀은 능하지 못하심이 없느니라

눅 1:38 마리아가 이르되 주의 여종이오니 말씀대로 내게 이루어지이다 하매 천사가 떠나가니라

천사가 마리아에게 나타나서 무엇이라고 하십니까? "마리아여, 네가 잉태하여 아들을 낳을 것이니 이름을 예수라 하라"고 하시면서 태어나실 예수 그리스도에 대해 자세하게 설명해 주고 있습니다. "성령이 네게 임하시고 지극히 높으신 이의 능력이 너를 덮으시리니 나실 바 거룩한 이는 하나님의 아들"이라고 하십니다. 천사가 마리아를 통해 하나님의 말씀을 전달하는 내용은 무엇입니까? 창세기 3장 15절에 기록된 여자의 후손으로 오실 자가 거룩한 하나님의 아들이라는 사실입니다.

하나님이 세상을 이처럼 사랑하사 독생자를 주신 것은 에베소서 1장 4절에서 창세 전에 계획하신 하나님의 일이 이루어진 일입니다. 또 창세기 3장 15절에서 여자의 후손을 이 세상에 보내시겠다는 언약의 일이 이루어진 것입니다. 여기서 한 가지 기억해야 할 것은, 언약을 하신 하나님은 여호와 하나님이시라는 것입니다. 여호와 하나님은 먼저 말씀을 하시고, 말씀하신 것을 반드시 이루시는 분이라는 의미입니다.

예를 들어, 하나님께서 세상을 창조하실 때를 살펴보겠습니다.

창 1:3 하나님이 이르시되 빛이 있으라 하시니 빛이 있었고

여호와 하나님은 먼저 말씀하시고 말씀하신 대로 이루시는 분이심을 알 수 있습니다.

성경의 많은 곳에서 여호와 하나님이 어떤 하나님이신가를 살펴볼 수 있습니다.

출 6:2 하나님이 모세에게 말씀하여 이르시되 나는 여호와이니라

출 6:3 내가 아브라함과 이삭과 야곱에게 전능의 하나님으로 나타났으나 나의 이름을 여호와로는 그들에게 알리지 아니하였고

출 6:7 너희를 내 백성으로 삼고 나는 너희의 하나님이 되리니 나는 애굽 사람의 무거운 짐 밑에서 너희를 빼낸 너희의 하나님 여호와인 줄 너희가 알지라

출 6:8 내가 아브라함과 이삭과 야곱에게 주기로 맹세한 땅으로 너희를 인도하고 그 땅을 너희에게 주어 기업을 삼게 하리라 나는 여호와라 하셨다 하라

렘 33:2 일을 행하시는 여호와, 그것을 만들며 성취하시는 여호와, 그의 이름을 여호와라 하는 이가 이와 같이 이르시도다

암 5:6 너희는 여호와를 찾으라 그리하면 살리라

암 5:8 묘성과 삼성을 만드시며 사망의 그늘을 아침으로 바꾸시고 낮을 어두운 밤으로 바꾸시며 바닷물을 불러 지면에 쏟으시는 이를 찾으라 그의 이름은 여호와시니라

슥 14:9 여호와께서 천하의 왕이 되시리니 그날에는 여호와께서 홀로 한 분이실 것이요 그의 이름이 홀로 하나이실 것이라

이상에서 살펴본 대로 여호와 하나님은 언약의 하나님이십니다.

요한복음 3장 16절에서 많은 사람들이 사랑의 하나님은 쉽게 발견하지만, 언약의 하나님은 잘 발견하지 못하는 경우가 많습니다. 여호와 하나님께서 언약을 하시지 않았더라면 사랑의 하나님이 나타나지 않았을 것입니다. 하나님께서 언약하지 않으셨다면, 여자의 후손으로 보내주실 하나님의 독생자 예수 그리스도가 사랑의 하나님으로 나타나지 않으셨을 것입니다.

하나님은 언약을 하십니다. 그 언약은 하나님이 사랑하는 독생자 예수 그리스도를 여자의 후손으로 보내 주시겠다는 것입니다. 하나님의 백성인 이스라엘 백성, 유대인들은 여호와 하나님께서 언약하

신 것을 알고 있었습니다. 그래서 그들은 지금도 메시아를 기다리며 살아가고 있습니다. 그러나 메시아가 오는 길을 방해해서는 안 되는 것입니다.

율법에 나타난 것 – 찾기

요 3:16 하나님이 (B)세상을 (C)이처럼 사랑하셔서 (D)독생자를 주셨으니 누구든지 (E)그를 (F)믿으면 (G)멸망하지 않고 (H)영생을 얻을 것이다

A - 1. 언약의 하나님

A - 2. 아브라함과 언약하신 하나님

A - 3. 이삭과 언약하신 하나님

A - 4. 야곱과 언약하신 하나님

A - 5. 이스라엘 백성과 언약하신 하나님

B - 1. 우주 만물의 세상 눈에 보이는 것과
눈에 보이지 않는 것 모두 다

B - 2. 하나님이 택한 백성

마 1:21 이는 그가 자기 백성을 그들의 죄에서 구원할 자이심이라

C - 1. 이처럼 사랑하신 하나님

D - 1. 독생자(하나님의 아들 예수 그리스도 메시아)

E - 1. 그를(독생자 하나님의 아들 예수 그리스도 메시아)

F - 1. 믿으면: 하나님이 언약하신 것을 예수 그리스도를 통해서 이루신 것을 믿으라

G - 1. 멸망: 하나님의 생명을 가지지 못한 자들

H - 1. 영생: 하나님의 생명을 가지고 사는 자들

하루 한 절, 보화를 발견하다

1판 1쇄 인쇄 _ 2023년 8월 5일
1판 1쇄 발행 _ 2023년 8월 10일

지은이 _ 진석호
펴낸이 _ 이형규
펴낸곳 _ 쿰란출판사

주소 _ 서울특별시 종로구 이화장길 6
편집부 _ 745-1007, 745-1301~2, 743-1300
영업부 _ 747-1004, FAX 745-8490
본사평생전화번호 _ 0502-756-1004
홈페이지 _ http://www.qumran.co.kr
E-mail _ qrbooks@daum.net / qrbooks@gmail.com
한글인터넷주소 _ 쿰란, 쿰란출판사
페이스북 _ www.facebook.com/qumranpeople
인스타그램 _ www.instagram.com/qrbooks
등록 _ 제1-670호(1988.2.27)
책임교열 _ 오완 · 신영미

 ISBN 979-11-6143-856-6 93230

책값은 뒤표지에 있습니다.

파본(破本)은 구입처에서 교환해 드립니다.